D1720216

Özden Yılmaz 21 Şubat 1983'te Ankara'da doğdu. Hacettepe Üniversitesi Güzel Sanatlar Fakültesi Grafik Tasarım Bölümü'nden mezun oldu. Üçüncü sınıfta okurken aldığı iş teklifiyle tasarımcı olarak profesyonel kariyerine başladı. Ankara'da çeşitli reklam ve tasarım ajanslarında çalışarak hizmet verdi. 2009'da kendi marka ve tasarım ajansını kurdu; iç mimari ile grafik tasarımı birleştirerek onlarca markaya tasarım ve marka danışmanlığı yaptı. Marka tasarımlarını ve danışmanlığını yaptığı bir gastronomi şirketine 2012 yılında ortak oldu. 2016'da iç sesine kulak vererek İstanbul'a taşındı. "Yeni bilinç" inancıyla marka olmak isteyen kişi ve şirketlere danışmanlık vermeye devam ediyor.

UYAN

UYAN

Yazan: Özden Yılmaz

Yayın hakları: © Doğan Egmont Yayıncılık ve Yapımcılık Tic. A.Ş.
Bu eserin bütün hakları saklıdır. Yayınevinden yazılı izin alınmadan kısmen veya tamamen alıntı yapılamaz, hiçbir şekilde kopya edilemez, çoğaltılamaz ve yayımlanamaz.
1. baskı / Mayıs 2018 / ISBN 978-605-09-5229-2
Sertifika no: 11940

Kapak tasarımı: Feyza Filiz
Kitap içi grafik tasarımlar: Özden Yılmaz
Baskı: Yıkılmazlar Basın Yayın Prom. ve Kağıt San. Tic. Ltd. Şti.
Evren Mah. Gülbahar Cad. No: 62 / C Güneşli - Bağcılar - İSTANBUL
Tel: (212) 515 49 47
Sertifika no: 11965

Doğan Egmont Yayıncılık ve Yapımcılık Tic. A.Ş.
19 Mayıs Cad. Golden Plaza No: 3, Kat 10, 34360 Şişli - İSTANBUL
Tel. (212) 373 77 00 / Faks (212) 355 83 16

UYAN

ÖZDEN YILMAZ

Doğan
novus

İçindekiler

Evvel beri,
meğer AŞK bana aşkmış,
ben'i aşmış,
pişirmiş ben'i...

BEN'liğimden...

Öz'den gelen içgüdüsel bir dürtü olan "İNANCIM" bana hep cesaret ve güç vermiştir. Çocukluk yaşlarımda söylemeye başladığım o cümleler: "İnandığım şeyler uğruna tüm dünya ile karşı karşıya gelmeye hazırım." Bir şeye tam olarak inanıyorsanız o inanç için neleri göze alabilirsiniz? Peki kimlerle karşı karşıya gelmeye hazırsınız? Merak etmeyin, inancın olduğu yerde asla istemediğiniz şeyler olmaz, yani istemediğiniz deneyimler gerçekleşemez!

On iki yaşımda içsel serüvenlerim başlamıştı. Yazılar, şiirler yazıyordum. Hatta ilkokul beşinci sınıftayken bölgesel şiir yarışmasında birinci seçilmiştim. Fakat okul müdürümüz beni odasına çağırıp bu şiiri benim yazdığıma inanmadıklarını söylemişti. Tabii ki ödülü de vermediler. Ziyanı yoktu ama içim epeyce burkulmuştu! Kimse beni tam olarak anlamıyordu. Sanki herkes benim farkımı, özelliğimi görmek istemiyordu. Çoğu zaman kalabalıklar arasında tek başıma hislerimle, özümle, bilgilerimle yani sahip olduğum her şeyimle baş başa kalıyordum!

Her zaman merak ettiğim yerleri keşfetmek için yola koyuldum. Bu yüzden asi ve yerinde duramayan bir ergenlik dönemi yaşadım. Benim alanımın dışındaki yerlerde neler oluyordu, neler yaşanıyordu ve hissediliyordu. İşte bunları kendimi bildim bileli hep merak etmişimdir. Evet, kendimi bildim bileli çünkü 4 yaşımda yaşadığım o çılgın deneyim sanırım beni çok net bir şekilde özetliyor! O küçük arada, kimsecikler evde yokken, fırsattan istifade etmiş ve evdeki elmaları poşetlere koyarak satmak için gizlice yola koyulmuştum. Dışarısını, insanları, onlarla olan bağımı ve ne hissettiklerini çok merak ediyordum. Tabii ki tüm elmalar satılmıştı. Ve o anlardaki duygum "dünyanın kahramanı benim"di. Bir kahramandım... Ta ki annem bunu yaptığımı öğrenip bana kızıncaya kadar. Oysaki ben, annemin gurur duyacağını ve koca bir "aferin" alacağımı hayal etmiştim. Hayal kırıklıkları... Sanırım pişiyordum... İşte alanımın dışındaki merak ettiğim tüm alanları aşma maceram o yaşlarda başladı ve hâlâ devam ediyor!

On dört yaşımda içimdeki derinlik giderek genişlemeye başladı. Bazı geceler içimi saran aşkın alevi ile gözlerim dolardı! Etrafımla uyumlanamamaya başlamıştım. İçselleştirmeye çalıştığım kendi içimdeki derinliği keşfetmeye çalışırken, henüz o yaşlarda o kadar derinlikten bu dünyaya çıkmakta ve burayı yaşamakta zorlanıyordum. Tabii ki ailemin de bu derinlik pek hoşuna gitmiyordu. Annemin o yaşlarda bana sürekli söylediği o cümleler... "Normal ol, sen de diğer kızlar gibi ol!" Neden? Günün birinde gözümdeki ıslaklık artmaya başlayınca ailem gece odamın kapısına dizilmişti. O günü ve o sahneyi hiç unutmuyorum. Böyle olmamam gerektiğini, onları çok üzdüğümü söylemişlerdi ve haklılardı. İşte o günden sonra yaşamımı değiştirdim! Ben seçtim ve artık "mış" gibi yapmaya karar verdim. Bu seçimden dolayı da kendi özümün merkezinden uzaklaşmaya başladım! Çünkü özsüz olmanın nasıl acı olduğunu idrak etmeliydim.

Oyalandığımızı sandığımız deneyimler bize öğretmenlik yapar! Bir adım daha öteye geçecek güce kavuşmak için. Ta ki ana sahnenizi, kimliğinizi yaşatana kadar. Tam olarak neden bu dünyada olduğunuzu idrak edip yaşatana kadar.

Ne zaman korkularımın ötesine geçsem orada yaşamın bana sunduğu en güzel hediyelerle karşılaştım. Anlıyordum ki korkulacak Hiçbir şey yoktu. Bu dünyada ve her yerde, olan, olmayan ve olacak olan da sadece Yaradan'ın özkimliğiydi. Yani Korkulacak Hiçbir şey yoktu. Bu illüzyonun kendisiydi, güvenerek yürümeyi öğrenmek içindi. Bu ana şifrelerden biriydi!

16 yaşımda Hacettepe Üniversitesi Güzel Sanatlar Fakültesi'nde eğitime başladım. Üçüncü sınıfın sonunda aldığım iş teklifi ile ya-

şamımın bundan sonraki maddi boyutunu hep kendim üstlendim. Çünkü insanlara yapmaktan çok haz aldığım şeyi sunarken hem hizmet ederek besliyor hem de para kazanıyordum. Tabii en önemlisi de merak ettiğim alanları daha fazla keşfetmek için bir sürü bahane üretebiliyordum. Fark etmiştim ki maddi bağımlılıklardan kurtulmak, ailemin sürekli yapamazsın, edemezsin baskılarından beni kurtaracaktı. Amacım bu tehditlerden kurtulup, kendi özgünlüğümde özgürce yaşamaktı. Bu benim özgürlüğümdü, kendimi yaşatma, alanımı yavaş yavaş oluşturma hakkımdı! Ailemden destek almadan tüm yaşamımı kendim kurdum. Hürriyetimi ve şirketlerimi kendim kurdum. Yaşamımı gördüklerimle, arzu ettiklerimle ben zenginleştirdim. **Çünkü içimdeki hizmetimi yani yaptığım işimi insanlara asla para kazanmak için sunmadım. Hep benimseyerek, benim şirketim gibi hissederek hizmet ettim. Başka yaşamlara bakarak neden onlarda var da bende hiç yok demedim. Sadece var olanı görüp, ben olarak özden istedim. Sahip olmaya çalışmadan, sadece hissetmek için istiyordum! Bu benim en büyük gücümdü. Bu yeni bilinçte sahip (maddi - manevi) olmak için en büyük güç! Maddelere sahip olmaya çalışmadan, sadece hissetmek için istemek...**

2009 yılından beri kendi şirketimle, onlarca markaya grafik tasarım, iç mimari ve marka danışmanlığı alanında hizmet verdim. Yerinde duramayan ve hep bir arayışta olan ben, insanları her anlamda beslemeyi çok sevdiğim için sonunda gastronomi alanına da girerek işletme ortaklığı yaptım.

Tabii yaşam amacım, hayatta olma amacım sürekli beni çağırıyordu. İtiraf ediyorum bugüne kadar yapığım işlerden belli bir süre sonra sıkılıyordum. Bu yüzden sürekli işimi de yenileyerek genişlettim. Çünkü kendi kimliğimin, ÖzBilincimin yani kapasitemin çok azını kullanıyordum. Daha farklı bir amaç ve benim de daha bütünsel bir amacım olduğunu hissediyordum. Hatta bazı arkadaşlarım bana doyumsuz olduğumu söylerlerdi. Haklılardı da, doyamıyordum çünkü kendi kimliğimle birlikte neden bu dünyada olduğumu, olduğumuzu, Evrenin işleyişini TAM olarak çözmeden doyamayacaktım. Bu yüzden de O'nu bulmak için hiç durmadan yola devam edecektim!

Öyle bir nokta geldi ki aradığım şeyin, dünyada olma sebebimin, içimde yanan ve sönmek bilmeyen bu Aşk alevinin temelini, on dört, on beş yaşlarımda attığımı fark ettim. Yaşamda bir döngü vardı. Ve bu döngü sürekli olarak kendini her yerde tekrarlıyordu. Fakat sürekli tekrarlanmasına rağmen hiçbiri aynı değildi! X'ten Y'ye gidiyorduk ve sonra tekrar X'e geri dönüyorduk. X'e geri döndüğümüz halde hiçbir X, aynı X olmuyordu! Zamanın dilimleri vardı ve bu tekrarlanan döngüler zamanı da oluşturuyordu sanki! Artık kendimden, yaşama nedenimden kaçamaz haldeydim. Bana fısıldıyordu: "Tam olarak teslim olmaya hazırlan Özden ve yavaş yavaş uyanmaya başla."

Doğduğum şehirdeki tüm konfor alanımı, gastronomi şirketimi, ailemi, dostlarımı, arkadaşlarımı Ankara'da bırakıp karanlığın göbeğinde titreyerek en çok arzuladığım ve en çok korktuğum şeyi yaptım. Tek başıma ofisimle birlikte korkumu dönüştürerek arzuladığım hediyeme kavuştum. Şu an bambaşka bir şehirde kendi kurduğum yaşam alanımda yoluma, hizmetime İstanbul'da devam ediyorum.

Bilmek dolmaktır.
Ve tam dolduğunda her şey senin
istediğin sınırsızlığa dönüşür ve insan
olarak kimliğin değişir!

Ön Sezi...

Kendi özkimliğinizi keşfetmek ya da isteklerinize ulaşmak için bir sürü yol denediniz. Fakat bir türlü içinizdeki o eksiklik ve yarım kalmışlık hissini tamamlayamadınız. Maddi ve manevi kaynaklarınızı da istediğiniz şekilde oluşturamadınız. Sonuç olarak tam bir doyuma ulaşamadınız! Ulaşamazdınız da! Çünkü bunları yapmaya çalışırken kendi merkezinizde, yani özünüzde değildiniz. İnancın tam olarak ne olduğunu bilmiyordunuz! Düşüncenin tam olarak ne olduğunu bilmiyordunuz. Hislerin tam olarak ne olduğunu bilmiyordunuz. Kısaca hakikatin tam olarak ne olduğunun farkında değildiniz!

Düşünün isteklerinizi çekin dediler, düşündünüz ama isteklerinizin birçoğunu kendinize çekemediniz. İnanın gelir dediler. Siz de çoğu zaman inanıyormuş gibi yaptınız! Kendinizi ve Yaradan'ın evrendeki sistemini çoğu zaman "mış" gibi yaparak kandırmaya çalıştınız! Bunu o kadar iyi yaptınız ki, kendinizi bile kandırdığınızı unuttunuz! Aslında inanmadığınız bir duruma inan"mış" gibi yaparak kendi özünüzü kandırmaya çalıştınız! Bu yüzden de evrenin en büyük gücünü yani "inancı" içinizde hapsettiniz. Dolayısıyla kendi gücünüzü hapsetmiş oldunuz!

Yaşam amaçlarınıza ve isteklerinize ulaşmanın tek ama tek bir yolu var: Hakikatin, özün, inancın, zamanın, hislerin, bilincin, düşüncenin ne olduğunu bilmelisiniz. Yaradan'ın özkimliğinin ne olduğunu ve evrendeki Sistemi olan ZITlıkların Sisteminin nasıl çalıştığını idrak etmelisiniz!

Şu an bu kitabı elinde tutuyorsun çünkü artık içindeki eksiklikleri TAMlığa dönüştürme zamanın geldi... Özüne dönme zamanın geldi, özel olma zamanın geldi. Ve en önemlisi özel olduğunu her yerde hissetmenin zamanı geldi!

Evrende her bir parçanın, gezegenlerin, atomların bir merkez noktası vardır. Elbette biz insanların da var. Örneğin dünyanın yerçekimi, onun özünün merkez noktasıdır. Bizim de yerçekimimiz vardır. İşte bu çekimin merkezi özümüzün merkezidir. Kalp merkezimizden başlayarak bedenimizin dışına taşan, bedenimizi aşan bir ALANdır bu. Kimi kişisel gelişim kitaplarından bildiğiniz "aura alanı" dedikleri şey aslında bizim ÖzBilincimizin kapladığı alandır!

Peki neden önemlidir merkezinde olmak? Çünkü merkezinde olduğunda özüne ulaşırsın. Özüne ulaştığında da kaynağına, bilgilerine ulaşmış olursun. Eğer özünde olmazsan bilgilerini kullanamazsın yani sahip olduğun tek kaynağını kullanamazsın! Dolayısıyla farkını yaşatamaz ve istediğin yaşamı gerçekleştiremezsin.

Daha açık bir ifadeyle, yeni bilinçte maddi ve manevi arzuladığın şeylere ulaşamazsın!

Merkezimizde, özümüzde olmazsak var olan bilgilerimizi kullanamayız dolayısıyla farkımızı yaşatamaz ve istediğimiz davranış biçimlerine; keyfe, heyecana, meraka kısaca istediğimiz duygu dolu yaşama sahip olamayız. Bizler kendi özümüzde olmadığımız için, kim olduğumuzu, neye sahip olduğumuzu, özümüzün bilgilerini ve onları nasıl kullanacağımızı bilemedik. Bu yüzden ilk işimiz özümüzün merkezine çekilmek olacak. Hakikati ve evrenin sisteminin nasıl çalıştığını bileceğiz, arzuladığımız hayatı nasıl yaşayacağımızı idrak edeceğiz. Sonrası mı? Sonrası çok basit ve sade, yani mükemmel! Tıpkı evrenin işleyişi gibi, tıpkı ZITlıkların sisteminin sadeliği gibi... İki ZITlık arasında gidip gelerek bilgileneçek ve tam dolduğumuzda, bu dünyada istediklerimizi yaşatarak özgürleşebileceğiz!

Bu kitapta size özgürleşmenin yolunu anlatacağım. Evrenin dolayısıyla dünyanın yeniçağ bilincine geçtiği şu günlerde bu yeni bilincin biz insanlardan tam olarak ne istediğini sizlerle paylaşacağım. Özgürleşmek için özgür irademizi nasıl kullanacağımızı bu sistem sayesinde öğreneceğiz.

Zaman titreşimlerinin giderek hızlandığı bir süreçten geçiyoruz. Kuantum alanındaki tüm parçalar daha hızlı titremeye başladı. Ve daha fazla hızlanmaya devam edecek. Dolayısıyla her şeyin, tüm atomların titreşimi giderek hızlanıyor! Sistem değişiyor, evren değişiyor, dünya değişiyor. Dolayısıyla biz insanlar da değişmeliyiz! Bu süreçte bize düşen görevler var: Artık nelere daha fazla ihtiyacımız olduğunu, nelere hakkıyla değer vermemiz gerektiğini idrak etmeliyiz. Yeni bilince nasıl uyumlanacağımızı, özümüzü yaşatmanın, merkezimizde kalmanın ve hakikatin ne demek olduğunu, kuantum mekaniğinin bize anlatmak istediği bilgileri de öğreneceğiz. İnsanın yaradılıştan gelen doğal hakkı "özgür iradeyi" ve bu iradenin karşılığı olan seçim HAKKINI bu dünyada nasıl kullanacağınızı, istek ve arzularınızın bu yeni bilinçte nasıl gerçekleşeceğini işte bu kitap sayesinde öğreneceğiz.

Hissedilmeyen hiçbir hakikat yaşatılamaz.
Ancak hissettiğinde, idrak ettiğinde
yaşamında yaşatabilirsin!

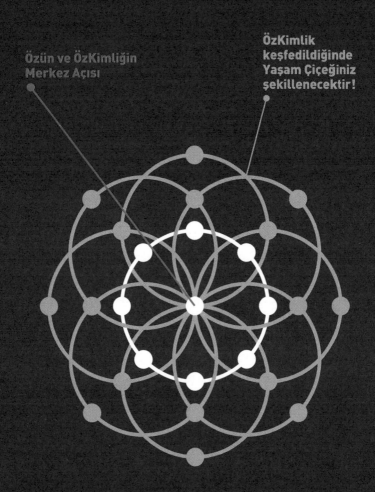

Özün ve ÖzKimliğin
Merkez Açısı

ÖzKimlik
keşfedildiğinde
Yaşam Çiçeğiniz
şekillenecektir!

Her insanın bir özü vardır. Ve her bir insanın
özü farklı bir kimliğe sahiptir! Bu yüzden de
her insanın özkimliği vardır! **Bizler bu dünyaya
özkimliğimizi tam olarak keşfetmeye,
idrak etmeye geldik!**

Özün sözü...

Evrenin Dünya'ya şöyle dediğini düşünün: "Samanyolu gibi, Mars gibi ya da Güneş gibi hareket etmeni, onlar gibi davranmanı hatta merkezini ve yörüngeni onlarmış gibi değiştirmeni istiyorum!"

Sizce de böyle bir istek çok saçma ve anlamsız değil mi?

Dünyanın yerçekimi, özünün olduğu yeri bırakıp başka gezegenler gibi olmaya çalışsa, kendi merkezinden ayrılsa ne mi olurdu? Ateş, su, hava, toprak, tüm canlılar, hayvanlar ve insanlar evrende etrafa saçılırdı. Böylece her şey dağılmış, yıkılmış ve kendi ÖZELliğini yaşatamayan dünya, artık dünya olma özelliğini kaybetmiş olurdu! Çünkü dünya olarak nitelendirdiğimiz tüm özelliklerini yitirirdi. Böyle bir karmaşa ve kaos size de çok anlamsız geliyor değil mi? Hatta çok acımasız... "Böyle bir saçmalığı, kaosu dünya ya da herhangi biri, bir varlık neden yapsın ki?" diye düşünüyorsunuz benim gibi değil mi? Ya da Evren neden böyle bir şey istesin ki dünyadan?.. Peki bu olayı biz insanların yüzlerce yıldır kendi benliklerine yaptığını hiç düşündünüz mü? İNSAN... Kendi merkezinden, özünden kopmuş, kendi yaşamını kaosa sürüklemiş insan...

Bunları hiç düşünmediyseniz düşünme vakti geldi! Çünkü bu zamana kadar sürekli olarak hepimiz hayatlarımızı bu şekilde yaşadık! **Özümüzden, kendi merkezimizden uzaklaştıkça etrafa saçıldık, dağıldık. Kaoslar yaşadık ve yaşadığımız kaoslar bedenimize de yansıdı. Hücrelerimiz, DNA'larımız, iç organlarımız da bundan nasibini aldı ve onlar da bu ÖZünden kopuşun sonuçlarını yaşadı. Peki nasıl oluyor da kendi benliğimize karşı bu kadar acımasız olabiliyoruz? Neden kendimize sürekli bir karmaşa ve kaosu yaşatıyoruz? Neden kendi ÖZümüzün BENliğini, ÖZEL kimliğimizi yaşatma seçeneğimiz varken, kendi bilgilerimizi etrafa saçarak dağılıyoruz?**

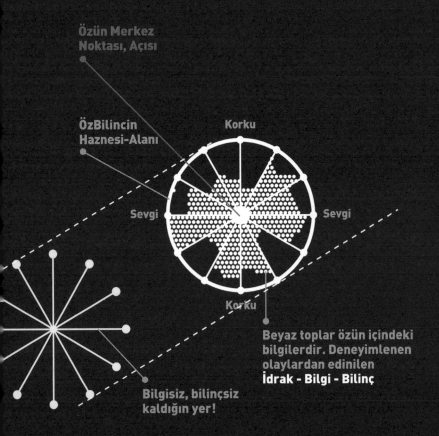

Özün Merkez
Noktası, Açısı

ÖzBilincin
Haznesi-Alanı

Korku

Sevgi

Sevgi

Korku

Beyaz toplar özün içindeki
bilgilerdir. Deneyimlenen
olaylardan edinilen
İdrak - Bilgi - Bilinç

Bilgisiz, bilinçsiz
kaldığın yer!

**Kendi özünüzün merkezinden çıktığınızda
bilgilerinizin, bilinçlerinizin olduğu ALANdan
çıkmış olursunuz! Bu yüzden bilgisiz kalır ve
dağılırsınız.** Öz merkezinizden, açınızdan
uzaklaştığınızda kendi özel alanınızdan da
uzaklaşmış olursunuz. Böylece kendinizi
değerli ve özel hissedemezsiniz. Kendinizi
değerli hissetmediğiniz her an şüphede kalarak
ya strese düşer ya da insanları yargılarsınız!

Kendimizi sürekli olarak insanlarla karşılaştırdığımız için kendi özelliğimizi fark edemedik. Başka kişilere uyumlanmaya çalıştık. Kendi özelliğimizi etrafa saçtık, dağıldık ve bilgisiz kaldık. Başkalarının olmamızı istediği role bürünerek sıradan ve tek tip insan modelinin insanlığa ve kendimize faydalı olacağını sandık. Kendi farkımızı, özgünlüğümüzü terk edip başkaları gibi olmaya çalışarak yapmacık olduk.

ÖZEL olduğumuz alanda, ÖZümüzde yaşamak varken neden sıradan olmaya çalıştık, neden başkaları gibi olmaya çalıştık? Çünkü tek tip rol modelinde olduğumuz zaman insanlar ve toplum tarafından daha ÖZEL ve değerli görüleceğimizi düşündük. Yanıldık! Bilinçsiz bir şekilde sabitliğe, cesaretsizliğe; kendi farkımızı kullanamayan sıradan, kıymetsiz biri gibi davranarak bilinçsizliğe maruz kaldık. Tek tip modelde olmak sıradan olmak demektir. **Sıradan olmak, herkesle aynı olmaya çalışmak, Yaradan'ın her bir parçasının, zerresinin farklı çeşitliliğini, mükemmel olduğu hakikatini yok saymaktır! Bu dünyada olma amacımızı; gücün, inancın ne olduğunu unuttuk. Böylece O'nun ve kendimizin mükemmel olan farkını da unuttuk!**

Kendi merkezimizi, ÖZümüzü bırakıp, odak noktamızı hep başka açılara yönlendirdik. Öyleymiş gibi, böyleymiş gibi davranmaya, sıradan ve aynı olmaya çalıştık. Sadece bize ait, parmak izimiz kadar eşsiz ÖZELliğin gücünü, yani özümüzün bilgilerini de kaybettik.

Bilmeliyiz ki başka yörüngelerde, merkezlerde hiçbir zaman var olamayız, olamadık da! **Kendi ÖZünü yani farkını yaşatamadın, asla istediğin o mükemmel hayata sahip olamadın! Çünkü senin yerçekimin olan ÖZünün bilgilerini, hislerini, isteklerini, hayallerini yaşatacağın o öz kaynağı bırakıp gittin. Hiçbir zaman tamamen sen olmadın, kendin olmadın ve kendini yaşatamadın ki! Sahip olduğun tek kaynağından, Özçekiminden uzaklaştın** ve içindeki her şey, tüm bilgilerin, yeteneklerin, seni özel kılan tüm özelliklerin etrafa saçılarak dağıldı. Böylece kendi özçekimini ve özgün bütünlüğünü kaybetmiş oldun. Bu yüzden kendi çekim alanında olmadığın için istediklerini kendine çekemedin!

Merak etmeyin hiçbir şey için geç değil! Şimdi ÖZe dönme zamanı...

ÖZ BENliğimizden, bütünlüğümüzden kopmak bizi eskitir ve yıpratır. Çünkü Yaradan'la olan, evrenle olan, BİRbirimizle olan bağımızı keserek koparmışızdır! Bu yüzden gücümüzü ve inancımızı yitiririz! Gücümüzü aldığımız tüm bağları kestiğimizdeyse isteksiz, güçsüz ve inançsız kalırız. Bu durumda dengemizi kaybetmiş bir şekilde yaşamaya çalışarak yıpranırız. Asla O'nun kıymetini ve kendi ÖZ kıymetimizi bilemez, doyumsuz bir şekilde eskiriz!

Evet, hiçbir şey için geç değil! Bu kitap bunun için var. Bunca zenginliklerle, mucizelerle dolu bu yaşamda yoksunluğu, şüpheyi, doyumsuzluğu yaşatmayı becerebildiysek yani doğal halimizin tersini becerebildiysek, zenginliği, mucizelerle dolu yaşamı kurmayı çok daha kolay bir şekilde başarabiliriz. Kendi özçekimimizle bu dünyada arzularımıza eğlenerek ulaşmayı çok daha kolay bir şekilde başaracağız.

Özünü yaşatmadığın her an etrafına bilinçsizlik bombaları saçarsın! Bu bombalar, yaşamında istemediğin olayları yaşamana neden olur. Sürekli olarak istemediğin şeylerle karşılaşırsın;

hep kaçtığın, neden hep benim başıma geliyor dediğin olaylar peşini bırakmaz. Her şey seni bulur. Özel hayatın ve işin seni yorar. Seni yıpratır. Çünkü Bilinçsiz davranmak, yoksunluğa hizmet etmene neden olur! Yoksunluk bilinçsizliğine hizmet ettiğin için, kendi yaşamına da yoksunlukla hizmet etmiş olursun! Bu yüzden istemediğin deneyimleri sürekli olarak yaşatırsın. Çünkü Zıtlıkların sisteminde yoksunluğa hizmet ettiğin için yaşamında da yoksunluk bilinçsizliğinin karşılığını alırsın!

Yaradan'ın Sistemi, evrenin sistemi, o büyük sır öyle basit ve sade ki: Biz insanlar istemek, evrendeki sistem de bize vermek için yaratılmıştır! Yaradan'ın özkimliğini bilmediğin sürece, istemeyi de bilemezsin, böylece Özünü yaşatamadığın için istediklerini de kendine çekemez ve onları da yaşatamazsın!

Özünde olmak kimlikli olmaktır. Kim olduğunu, neden bu dünyada olduğunu bilmektir. Bu dünyadaki hizmetinizi, görevinizi bilmektir. Sahip olduğunuz tek gücünüz olan özbilincinizi, bilgilerinizi kullanabilmektir! Bu kimlik Yaradan'ın biz insanlara verdiği ÖZ parçasıdır!

İsteklerine ulaşmak istiyorsan, hakkın olmayan yükleri almayacak, hakkın olan yükünden ise kaçmayacaksın!

Bombaları, düşmanlığı, ayrımcılığı bizler yarattık! Bu cümleyi okuduğunuzda şaşırdınız mı? Peki neden? Hâlâ tüm bu gördüğünüz şeylerin içinizin, özünüzün yansıması olduğunu idrak etmediniz mi? Bunları bizler yaşattık **çünkü Yaradan'ın HAKiki kimliği-**

Yaşamımızda ihtiyacımız olan her şey ama her şey bizi bulur. Hiç kimse hakkınız olanı sizden alamaz. Ya da size hakkınız olanın dışında bir şey veremez! Hakkınız olanı kendinize sadece siz verebilirsiniz! Nasıl mı? Özünüzün içindeki bilgilerinizi kullanarak!

ni, iç içe geçmiş kimliğini en özünden bizler ayırdık! O'nun olan her şeyi, tüm nimetleri, çeşitliliği bizler böldük. Az ve çok, zengin ve fakir, değerli ve değersiz kavramlarını da bizler oluşturduk. Bizler insanları yargılayarak, insanları hiçe sayarak, görmezden gelerek yaptık bunu. Adaleti yok sayarak yaptık. Özümüzden koptuğumuz için, kimliksiz kaldığımız için bütün bunları bizler yaptık!

Dolayısıyla yaşamlarımızda ayrımcılığı, değersizliği, doyumsuzluğu, sıradanlığı, özelliksizliği, yarım, dağılmış ve eksik olma halini bizler oluşturduk. Ve hiçbir zaman TAM ve BİRlikte olamadık. Hiçbir isteğimizi, ilişkilerimizi TAM ve BÜTÜN yaşayamadık. Hiçbir zaman gerçekten ÂŞIK olamadık, hiçbir zaman keyifli ya da macera dolu bir yaşamı doya doya hissedemedik! Çünkü ayırdık, yargıladık, böldük, bölündük ve özümüzde olmadığımız için kendimizle ve O'nunla olan bağımızı kopararak Bütün ve Bir olamadık!

Şimdi fark etme zamanı... Şimdi ÖZe dönme zamanı... Şimdi uyanma zamanı...

Bilinçsizliklerinizi yani fazlalıklarınızı atın gitsin, rahatlayın, hafifleyin, yükleri bırakın. ÖZ kimliğinizin dışında olmaya çalıştığınız yükleri atın gitsin. Özünüzdeki bilgileriniz heyecanla sizi bekliyorlar. Var olan her yerdeki bilgi potansiyelleri heyecanla sizi bekliyorlar. Sahip olmak istediğiniz her şey sizi bekliyor. Hadi bırakın yükleri, daha fazla bekletmeyin özel olma hissinizi!

Doya doya oynayarak, eğlenerek, macera dolu ANlarımızı yaşayarak hep BİRlikte iyileşeceğiz. Böylece dengeleneceğiz. O'nun parçası olan bizler, kendi bütünlüğümüzü yaşatarak, O'nun

Tam Bütünlüğünde bu dünyada varoluş amacımızın mükemmelliğini yaşatacağız!

Bu dünya, tüm ortak alan hepimizin yaşam yeri, hepimizin ortak alanı ve dünyadaki tüm nimetler de hepimizin ortak hakkı! Yükleri atmak, olmadığınız kimliksizliğinizi yani inançsızlığınızı atarak bu dünyada hakkınız olanı almak demektir! Çünkü olmaya çalıştığınız şeyler, size ait olmayan fazlalıklardır. Dolayısıyla hakkınız olan değildir. Bu yüzden de bütünlüğün parçası değildir! Yani Yaradan'ın kendi bütünlüğünün parçası değildir. Kendi hakkınız olan kimlikte, alanda olmazsanız, Yaradan'ın bütünündeki parça da olamazsınız! Tam olarak bu yüzden de hakkınız olanı alamazsınız!

İlk yapmamız gereken şey kendi yerçekimimizin olduğu merkezimize, kendi âlemimizin merkezine yani özümüzün merkezine çekilmek olacaktır. Bunu nasıl yapacağımızı adım adım anlatacağım. Sonrasında Yaradan'ın Sistemi olan ZITlıkların sisteminin nasıl çalıştığını hep birlikte öğreneceğiz. Bu, düşlerimize kavuşma pusulamız olacak. Yeni bilince nasıl uyumlanacağınızı öğrenerek isteklerinize nasıl kavuşacağınızı bileceksiniz.

Merak etmeye ve sürekli keşfetmeye devam edin! Dünya yeni bir bilince geçti. Özünde, inançta olanlar için her şey ama her şey bundan sonra çok daha heyecanlı ve doyumlu olacak. Yapmanız gereken tek şey hakikatin bilgisine yer açmak! Yaradan'ın, evrendeki sistemin mükemmelliğini öğrenmek için yer açmak!

Gerçekten TAM olarak özündeyken, neye sahipsin ve seni bekleyen nelerin var? Bir şeyi isterken özünde mi arzuluyorsun, yoksa nefsine yenik düşerek, arzunu hapsederek, özsüzlüğünde mi arzuluyorsun? İnanç bölgesinde mi yoksa inançsızlık bölgesinde mi arzuluyorsun? Sizlere hizmet ettiğim bu kitabımda hayatımızı yaşatırken neyi seçtiğimizde özümüzde kalıyoruz, neyi seçtiğimizde özümüzden, kendi merkezimizden çıkmış oluyoruz, tam olarak bunu bileceğiz.

Yeni bilinçte yaşamımızdaki seçimlerimiz çok hızlı gerçekleşecek! Seçimin ne olursa olsun, her iki seçenekten hangisini seçersen seç, seçtiğin şey yaşamında çok hızlı gerçekleşecek! Yani dünyan ya istediklerinle ya da istemediklerinle kuşanacak. Dünyan ya inançlı ya da inançsız olacak, yani dünyan ya cennete ya da cehenneme dönüşecek! Bu yüzden artık biz insanların, Özgür İradesini nasıl kullanacağını, neyi seçtiğinde neyi yaşattığını tam olarak idrak etmesi gerekiyor!

Her zaman iki seçim vardır. Özgür İrademizin seçimleri her zaman iki seçenekten oluşur! Ya özünde inancı seçersin ya da özsüzlüğünde inançsızlığı seçersin! Ya özden olmayı ya da özden uzak olmayı seçersin! Ya kimlikli olursun ya da kimliksiz olursun! Yeni bilinç her birinizi ÖZden olmaya davet ediyor. Benimle özden olur musun? Değerli olur musun? Özel olur musun? O'nun sana baktığı gibi sen de kendine Aşk ile bakar mısın?

Özgür irade; seçim hakkı, özgür irade sizde olduğu için tüm seçimlerinizin deneyimlere yansıtıldığı olaylar seçimlerinize göre yaşamınıza yansır. Yani bu üç boyutlu dünyayı kendi özgür iradenizin seçimleriyle şekillendirirsiniz. Bu yüzden her şeyi siz kendi kendinize yansıtarak yaşatırsınız!

*Artık haykırabiliriz,
artık istediğimiz oyunları oynayabiliriz!
Hepimiz hissettiğimizden,
anladığımızdan ve inandığımızdan çok
daha fazla değerli ve özeliz. Bunu idrak
etmek yaşatabilmek demektir! Her
birimiz farklı bir parçayız. Ve bütünü
tamamlayan ÖZelliğe sahibiz!*

Büyüdüm mü Sandın? Uyan, Eskimiş Çocuk!

Biliyor musunuz ergenlik yıllarımdan belli bir zamana kadar kendi farkımdan, özgünlüğümden yani özgürlüğümden uzaklaşmaya başladım. Çünkü beni dışlayacaklar, anlamayacaklar sandım!

Kendi özümden uzaklaşmaya karar verdiğimde kendi kendime tam olarak şu sözleri söylemiştim. "Özden, eğer bir yarışın içinde olacaksan yani insanlara uyumlanmaya çalışacaksan, yarışın kurallarına uymalısın!" Yarışın kuralları şuydu; "Tek tip insan modeline bürün! Hislerini belli etme, içine hapset. Güçlüymüş gibi görünmek, sözü geçen biri olmak istiyorsan para kazan!" Yarış benim dışımdaki her yerdeydi. Yaşamın içi tamamen yarışlarla kaplanmıştı. Yani her yer ayrımcılıkla, yargılarla, HAKSIZLIKLARLA kaplanmıştı! Okulda, işyerinde, evde, etrafta sürekli bir yarış hali vardı. Herkes birbirleriyle yarışıyordu. Ama kimse yarışta olduğunu belli etmiyordu! Sanki biri herkesi tehdit ederek "sakın yarıştığını belli etme" demiş gibiydi!

İnsanın öz doğasında birbiriyle bir yarış hali yoktur. İnsan ancak kendi kendine yarışabilir. Ve bu yarış kişiye heyecan ve keyif vermelidir. Istırap ve acı değil! Her insanın hayatta olma amaçları farklıdır. Her birimiz farklı amaçlara hizmet için bu dünyadayız. İnsan dünyaya birbiriyle yarışmak ve savaşmak için gelmez! **İnsanlar sürekli aynı olmaya çalışarak hep bir yarış içinde oldular.** Bu yüzden önce iç dünyalarımızda sonra da dış dünyamızda karmaşalar ve kaoslar başladı. Yaşandı... Her birimiz özümüzden uzaklaştıkça daha fazla acı çektik. Biz insanlar, yüzlerce yıldır büyüdüğünü sanarak, kendine ne yaptığının bile farkında olmayan, sadece eskimiş çocuklar olarak, büyüdüğünü sanan suretlerde gezindik! Kendinizden bile gizlediğiniz yarışınızı, kendinize vereceğiniz bir sözün bağlılığı ile sonlandırmadığınız takdirde, yeni bilince uyanamazsınız. Yeni bilince uyanamazsanız, hakiki oyun alanının kurallarını yerine getirmemiş olursunuz. Bu yüzden de yarışın içinde sıkışarak, yaşamlarınıza daha fazla karmaşa ve kaosu çekmiş olursunuz!

İnsan dünyaya yarışmak için gelmez! Sürekli insanlarla aynı olmak için yarışmak, sürekli kaybetmek demektir!

Yeni bilinçte görüyor ve hissediyorum ki beni tanıyan diğer insanların en çok hayran oldukları yanım gizlediğim farkım oldu! Çünkü özüme Uyandım... Tıpkı benim gibi sen de özüne uyandığında, etrafındaki insanların sana duyduğu hayranlıkları hissedeceksin! En çok kaçtığımız alan olan özümüzde, bizi bekleyen, hayallerimizin ötesinde sınırsız bir yeni yaşam var! Yeni yaşamı hissetmek istiyorsanız özünüze uyanmalısınız...

Yanılgı ve yıkım şuydu; tüm insanların aynı, tek tip ve tek model olması gerektiğiydi. Bu yüzden artık uyan ve herkesin aynı olması gerekmediğini ve olmadığını bil! Ve bir kâğıt parçasına esir olmuş insanların, seni o esir yerinde hapsetmelerine izin verme! Yeni bilinçte bir kâğıt parçasının GÜÇ olmadığını bil! Farklı ve özgün olmanın kıymetini bil. En önemlisi kendi farkının ve özgünlüğünün bu dünyada ve evrende çok kıymetli olduğunu bil.

Evrende ve bu Dünyada aynı olan hiçbir şey birbirini besleyemez! Aynı olmak yaşamın, çeşitliliğin mucizesini, dengesini bozan ve yıkan şeydir! Her şeyin aynı olması, evrendeki tüm yaşamların YOK olması demektir! Bir şeyin evrende ve yaşamda var olmasının nedeni

FARKLI olmasıdır! Farklı olmasaydı zaten var olamazdı! Ve bu farklılıklar iki ZIT açılarla, eşlerle meydana gelmiştir. ZIT açısı olmayan ve farklı olmayan atom ve atom altı zerreler bile, ne evrende ne de bu dünyada var olabilir.

İşte bu yüzden her birimiz ayrı ayrı farklılıklara, özgünlüklere sahibiz. Şükürler olsun ki artık yeni bilinç bunun farkına varmamız için biz insanlara "özüne dön" çağrısında bulunuyor. Ve haddimiz olmayan yani hakkımız olmayan işleri yapmaya çalışmamamızı istiyor. Çünkü olmadığımız bir şey olmaya çabaladıkça, kendimizi kandırmaya, başkalarını kandırmaya devam ettikçe, yaşamımız hep istemediğimiz olayların deneyimleriyle dolup taşacak. Taa ki idrak edene kadar. Pes edip özümüzün hakkını yaşatana kadar!

Özünün yeteneği olmadan insanlığa yön vermeye çalışanların, idrak etmeden ezberledikleri bilgileri başkalarına anlatmaya çalışanların, doldurdukları koltuklardan güç almaya çalışanların, kendini olduğundan daha fazla ya da daha eksik göstermeye çalışanların zamanı geçti gitti... Yarışlar bitti, masallar bitti, öyleymiş gibi, böyleymiş gibi olmaya çalışanların, oyun içinde oyuna dalanların devri kapandı! Şimdi gerçek oyun, HAKİKİ oyun başladı!

Artık anlayabiliriz! Artık haykırabiliriz, artık doya doya özgünlüğümüzü yaşayabiliriz ÖZLER. Her birimiz hissettiğimizden, anladığımızdan ve inandığımızdan çok daha fazla değerli ve kıymetliyiz. Bunu bilmek, sahip olduğumuz potansiyeli artık yaşatabilmek demektir! Her birimiz Yaradan'ın farklı, özgün birer parçasıyız. Bütünün TAMlığını oluşturan özelliğe sahibiz! Biz insanlar sadece kendi hayatlarımızın sorumluluğuna sahibiz. Bu sorumluluk bilinçle insana özgürlük oluşturur! **Bu Özgürlük, Yaradan'ın biz insanlara vermiş olduğu en büyük hediye olan Özgür İradedir. Sorumlu olduğumuz tek şey, sadece kendi özümüzün bilgilerini yani hislerini yaşatmaktır.**

Hepimiz Yaradan'ın bu dünyada yaşayan parçalarıyız. Hepimiz O'nun bütünlüğünde kendi bütünlüğümüze sahibiz! İşte bu yüzden her bir parça yani her İNSAN şüphesiz değerli ve kıymetlidir!

Her birimiz farklı nokta ve açılarda evrenimizin sistemine hizmet ediyoruz! Farklı ve özgün olmamız, her birimizin eşit olması, her birimizin ayrı noktalarda ve açılarda duran birer merkez olmasından kaynaklanıyor! (Henüz on üç yaşında keşfettiğim ve içime ılık bir su gibi akan ilhamım, her birimizin kendine ait bir açıya sahip olmasıydı. Yani hepimiz gerçekten eşittik ve dünyanın yuvarlak olması da bunun ispatıydı benim için. Bunu bilmek, hissetmek bana her zaman cesaret ve güç vermiştir.)

Bu nokta ve açılar yaşamın zenginliğinin, çeşitliliğinin göstergesidir. Bizler büyük bir bütünün içinde, hem kendi bütünlüğümüze hem de Yaradan'ın kendinde olan özkimliğine, özüne sahibiz. Bu yüzden kâinatta insan çok kıymetli bir varlıktır! Fakat hepimiz bu dünyada yaşayan, henüz kendi kimliğini keşfedememiş eskimiş çocuklarız. Şüphesiz ki her bir kimlik, yani öz, değerli ve kıymetlidir. Bizler kendi özümüzdeki bütünlüğü ayırabilir miyiz? Ya da kendi bedenimizdeki organlarımızı, elimizi, bacağımızı, bağırsağımızı, kalbimizi, hücrelerimizi ayırıp "sen daha değerlisin, hep seni beslemeliyim" diyebilir miyiz? Elbette diyemeyiz, desek bile yapamayız. Şüphesiz hepsi bütünde BİR olarak kıymetli ve değerlidir. Bu yüzden Yaradan da bizi birbirimizden asla ayırmaz. ASLA... Hak ve adaletini evrenin

her yerinde bu sistemiyle kurmuştur! Ve her birimiz ne kadar büyümüş, yaşlanmış da görünsek bu dünyada oyun oynamaya, koşmaya, kaleler yapıp içinde yaşamaya, yıkıp yeniden inşa etmeye, hayır o benim oyuncağım deyip ağlamaya, gülmeye, heyecan verici kahramanlar olmaya kısaca istediğimiz her şey olmaya AÇIZ! O'nun gözünde bizler hâlâ büyüyememiş, büyüdüğünü zanneden sadece eskimiş birer çocuğuz.

Sizler bu dünyada işlerinizde çalışırken, yaşamlarınızı kurarken, bir anne, bir baba olarak çocuklarınızı büyütmeye çalışırken, birilerinin oyuncağınızı aldığını sanarak insanlara kızarken ve yargılarken hâlâ büyümüş olduğunuzu mu sanıyorsunuz?

Tabii ki büyümedik! Bizler bu dünyada kendimize kaleler kurup içlerinde yaşamaktan, kendi senaryomuzun aynı repliklerini farklı farklı kişilerle oynamaktan henüz kurtulamamış doyumsuz ve eskimiş çocuklarız! Ve biz insanlar öz haznemizi kendi tamlığımıza, "tam dolmaya" kavuşturmadıkça, sınırsız olmadıkça hâlâ eskimiş çocuklar gibi oynamaya doymayacağız! Bizler Yaradan'ın gözünde henüz çok küçüğüz. O'nun deneyimlerinin, hislerinin, yaşamının yanında hâlâ yeteri kadar tecrübe edinmemiş, tam dolmamış, oyun oynamaya aç çocuklarız. Yani henüz insanız! **Bizler bu dünyaya doya doya oyun oynamaya geldik. Ve oyun oynarken arzularımıza ulaşmaya, bilgilerimize kavuşarak sahip olmaya geldik!**

Oysa biz merak ederdik çocukken, farklıyken, özgünken! Hep koşardık. Heyecan dolu oyunları oynarken, merak ettiğimiz yerleri keşfetmek için korkumuzun ötesine geçer, cesaretimizle yeni serüvenlere atılırdık. Keşfederdik! Bilgilenirdik. Alırdık ve verirdik! Çocuk olduğumuz zamanlarda oyun oynarken kimseyi kimseden ayırmazdık. İnsanları ayırmazdık, yargılamazdık! Sadece hep birlikte oynardık. Şimdilerde ise sadece büyük olduğumuzu sanıyoruz, oysa başkalarını ayırdığımızda çok daha fazla küçülüyoruz!

Peki, bize ne oldu böyle? Macera duygumuzdan, meraklarımızdan, arzularımızdan, cesaretimizden ve gücümüzden neden ayrıldık? Neden yokmuşçasına yaşamaya çalıştık? Neden yaşarken, yaşamıyormuşçasına görmezlikten gelindik? Özgürlüğümüzden, gücümüzden neden ayrıldık? Neden sıradanmışız gibi aynı aynı olmaya, farksız farksız olmaya çalıştık? Çünkü biz insanlar ayırdık yani ayrıldık! Ayrıymışız gibi sanarak yanıldık ve bu yüzden de insanları yargıladık! Ayrı değiliz, yalnız değiliz! Sadece BİR'iz! Artık Bir aradayız! Artık ayrılık yok! Çünkü artık ayırmaya izin yok! Artık ortak BİR alanda bir arada oynayarak bilgilerimize sahip olmak var!

Bizi kâinatta gördüğümüz ve görmediğimiz her şeyden ayıran özelliğimiz, Yaradan'ın özkimliği içinde yani özünde, farklı açılarda, benliklerde, bedenlerde, ayrı ayrı, farklı farklı, çeşit çeşit hisleri yaşatabiliyor olmamızdır! Farklı olan her şey kendini dönüştürürken, karşısındaki tüm açılara, doğaya, hayvanlara ve insanlara hizmet eder yani onları besler. Bu yüzden beslediğimiz ve beslendiğimiz dünyanın tüm nimetleri yani kaynakları hepimize olan bir mirastır! O'nun parçaları olarak dünyadaki tüm kaynaklar hepimizin hakkıdır. Özümüzün özgünlüğü, özbilinci bu kaynakların hakkına ulaşacaktır!

Kâinattaki bütün farklar, farklı farklı tüm insanlar özkimiliğiyle bir araya geldiğinde Yaradan'ın bütünlüğündeki anlam birleşir ve mana BİR olur! Bir arada birbirine bağlı BİR bütünlük oluruz! Özümüzdeyken, hepimiz birbirimize bağlıyız ve hepimiz farklı, özgün dolayısıyla kıymetliyiz. Her birimiz farklı olduğu için, bir-

birimizden besleniriz. Bu yüzden her bir parçaya, her bir insana yani her bir değerli özelliğe bu dünyada ihtiyacımız var!

Bizler heyecan ve neşeyle oyun oynadıkça, özümüzü yaşattıkça istediğimiz, arzu ettiğimiz her şeye sahip olabiliriz. Çünkü o zaman en çok korktuğumuz, merak ettiğimiz şeyin ötesine geçecek cesarete sahip oluruz. Bu bizi bir sonraki deneyime, maceraya taşırken, istediğimiz oyuncaklara da bu dünyada oynamak için ulaşabiliriz. **Çünkü Yeni Bilincin para birimi, merak edilen şeyin ötesine geçecek cesaretin gösterilmesi olacaktır! Yani özbilincinizi kullanmak olacaktır! İşte bunu hissedip idrak ettiğinizde her şeyiniz değişecek ve yaşam sizin için çok daha heyecanlı ve doyumlu olacaktır! Eskimeyen çocuklar olarak, hep taze ve canlı kalarak, hastalanmadan uzun yıllar bu dünyada oyunlar oynayabileceksiniz!**

Gördüğüm ve görmediğim her boşluğun Doluluğu Ben'im! Gördüğüm ve görmediğim her doluluğun Boşluğu da Ben'im! Her şey benim için; O'nun mükemmel TAMlığını hissetmem, arzulayarak deneyimlemem için benim! Ve her yerde O'nu görmek, bana her an O'nu hissettiriyor!

UYANIN çocuklar, uyanın ÖZLER ve uyansın istediğiniz her şey olma gücü. Uyansın hissettiğiniz her şeyi yaşatma gücü! Artık hakikatin oyununu oynayarak doyumlanacağız. Özümüzün istediği deneyimleri yaşatarak, bilgilerimize sahip olacağız!

Keşfetmek için merak et...
Merak etme, keşfettiğin alanda asla
yalnız değilsin!

Merak,
Keşfetmek içindir!

İnsanoğlunun tüm keşifleri, idrakları TEK merkeze ve sadece BİR yöne doğru gidebilir! Tüm keşiflerin sonsuz hattı vardır. Ve insanların tüm keşiflerinin farklı hattı ve yolu vardır! Fakat her yolun keşfi sadece tek bir yöne doğru gidebilir! Çünkü insanlar bilgilerini keşfederek idrak ederken, spiral bir döngü içinde sondan başa doğru, merkeze doğru gidebilirler! Bunu kolaydan zora doğru giden bir öğrenme şekli olarak düşünebilirsiniz. Her eyleminiz ve her yeni keşfinizin yönü ortadaki merkeze doğru çekilir. O tek ve BİR olan merkeze hangi hatta ve neyle gittiğinizin hiçbir önemi yok! Hangi yeni keşifle gittiğinizin de önemi yok. Çünkü O'ndan başka bir şey yok! Bazılarımız henüz bunu algılamasa da, biz insanlar her bir yeni idrakte yani keşifte sadece Yaradan'ın özkimliğine bir adım daha yaklaşmış oluruz! Yani ana merkeze, insanlığın hedefine bir adım daha ulaşmış oluruz!

Herhangi bir dine ya da evrensel bir bütünlüğe inanmadığını söylesen de hiç fark etmez! Dilersen hiçbir ilahi güce inanmadığını söyle, ne fark eder ki... Biz insanlar aynı yolun yolcusu olarak, her gün O'na doğru yolculuk yapabilmek için uyanabiliyoruz!

İnsanlığın sınırlı bakışı içinde, sınırsız bir bakış açısına ulaşana kadar, sınırsız kaynağa yani ana hedefe ulaşması gerekir!

Bu yüzden birlikte tek ve bütün olmalıyız. Birbirimizi ayırmak ve ötekileştirmek yerine birbirimizden GÜÇ almalıyız! Bu yüzden biz insanların bu dönemlerde hiç olmadığımız kadar birlikteliğe ihtiyacımız var! Bu yüzden insan ayırdığı, bu benden değil dediği ve yargıladığı her şeyde kendi sınırsız yolculuğunu ve Yaradan'la olan bağını ayırmış olur! Ayırdığınız tüm bağların hattını tekrar tekrar kurmak zorunda kalırsınız! Bu yüzden yaşamınızda bazı olaylar tekrar tekrar yaşanır! Bir insanın Yaradan'a hangi yolda, nasıl ve neyle gittiğini yargılamak, hiçbir insanın sorumluluğu ve haddi değildir! Kendini ve Yaradan ile bağını ayırmak, koparmak istemiyorsan, güçsüz ve sahipsiz olmak istemiyorsan hiç kimseyi ayırma ve yargılama insan!

Bence son dönemin en büyük keşiflerinden biri, bilim insanlarının kuantum alanında ispatladığı "boşluk olarak nitelendirdiğimiz her alanda bilgi ve olasılık potansiyellerinin olmasıdır." Peki, nedir bu "olasılık potansiyelleri" ve biz insanların yaşamında ne anlama geliyor? Bilim insanları bile bu buluşlarının şaşkınlığı ve heyecanı içinde; kuantum alanda ispatladıkları bu olayın, insanların günlük yaşamlarında nasıl ve neden gerçekleştiğini tam olarak yorumlayamıyorlar!

Her günün her anı mucizelerle sarılıdır! Her gün bambaşka heyecanlarla, yeniliklerle, hislerle yani olasılık potansiyelleriyle etrafımız sarılıyor! Boşluk olarak nitelendirdiğimiz her yerde, evrenin hâkimi olan olasılık potansiyelleri vardır! Yani siz yolda boşlukta yürüdüğünüzü sandığınızda, aslında her yerinizi kaplayan olasılık potansiyelleri ile sarılmış olursunuz! Peki neden her an olasılık potansiyelleriyle sarılıyoruz? Çünkü her gün yeni bir hareket, yeni bir umut, yeni bir keşif, yeni bir kavuşum yani yepyeni isteklerle doludur. Yolda yürümeyi isteyip eyleme dönüştürebildiğiniz, yemek yemeyi isteyip eyleme dönüştürebildiğiniz, çocuğunuzu koklamayı isteyip eyleme dönüştürebildiğiniz ya da sevdiğiniz bir insana sarılmayı isteyip eyleme dönüştürebildiğiniz her ANı size yaşatan işte bu olasılık potansiyelleridir! Boşluk olarak nitelendirdiğiniz tüm alanlar, sizin her isteğinizin eylemlerini beş duyunuzla hissedip yaşamanızı sağlar! Yani her yer isteklerinizin eylemlerini, hareketlerini şekillendirebildiğiniz olasılıklarla kaplanmıştır. Bu olasılık potansiyelleri etrafımızı sarmasaydı, elimizin bir parmağını bile kıpırdatamazdık! Hiçbir isteğimizi bu dünyada eyleme yani harekete geçiremezdik! Çünkü beş duyumuzla hissedebildiğimiz yani yediğimiz, kokladığımız, dokunduğumuz, gördüğümüz, duyduğumuz hiçbir şey esasında YOK! Hissedebiliyor olmamız beş duyumuzun özümüzün birer yansıması olmasından kaynaklanır. Ve alan oluşturarak beş duyumuzla hissedebildiğimiz her şeyi insanlara sunan güç boşluk sandığımız her şeydir! Sen istediğin eylemin hareketini ve keşiflerini bu dünyada yapabil diye Yaradan'ın sistemi mükemmel bir şekilde işlemektedir! Bu yüzden keşfetmeye devam et ve her anına şükrederek uyan...

Her yol O TEK ve BİR olan merkeze çıkar! İster bilim, ister tıp, ister mühendislik, ister kendinizle ilgili bir bilgiyi keşfetmek ya da sanatsal bir dokuyu keşfetmek olsun, her bir yeni keşif şüphesiz Yaradan'a atılan bir adımdır! Keşif ne olursa olsun her yeni keşif O'nun özkimliğine gider. O'nun birliğine ve yönüne gitmeyen bir keşif, zaten yaşamda var olmaz!

Her an, her saniye tek BİR bütünlüğün içinde yaşıyoruz! Etrafımızı sımsıkı saran tek bir güç, tek bir özkaynak var! Bu özkaynak Yaradan'ın özkimliğidir. O her yerdedir. Gördüğümüz ve göremediğimiz

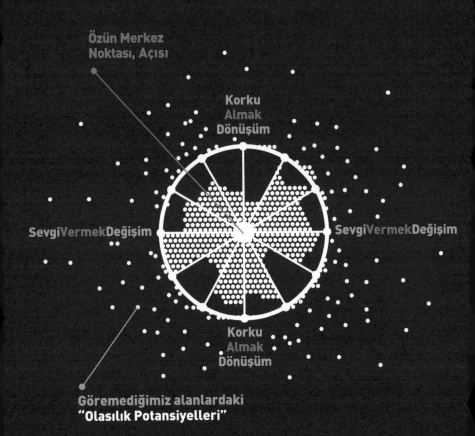

Özün Merkez
Noktası, Açısı

Korku
Almak
Dönüşüm

SevgiVermekDeğişim

SevgiVermekDeğişim

Korku
Almak
Dönüşüm

Göremediğimiz alanlardaki
"Olasılık Potansiyelleri"

Her insanın bu dünyada olma nedeni
ve bu nedenin bir özkimliği vardır!
Özkimliğiniz sizin yaşam amacınızdır.
Ve bu amacın bir bilinç yapısı ve şekli
vardır. Bu bilinç insanın özbilincidir!
ÖzBilinciniz; özünüzün sahip olduğu
bilgilerin tamamıdır. ÖzBilincinize göre
yetenekleriniz ve farkınız oluşur.

tüm bilinçlerin, olasılık potansiyellerinin ve özkaynakların Tek sahibidir! Biliyor musunuz biz insanlar her gün O'na uyanıyoruz! O'na sarılıyor, O'nu kokluyor, O'nu tadıyor, O'nu duyuyor ve O'nu görüyoruz!

Her yeni günü sıkılarak boş boş yaşamak, O'nun milyonlarca olasılık ve bilgi potansiyelini hiçe sayarak yaşamaya çalışmaktır! O'nun tüm potansiyellerine yani varoluşuna şükretmemektir! O'nun bize verdiği her bir yeni günün tüm potansiyellerini doya doya bir armağan gibi yaşıyor musun? Özkaynağın kıymetini her an biliyor musun? Her gün, her an hangi önemli işlerle meşgulsün? Ve her yerini sarmış bu özkaynağı her an her yerde HİSSEDEBİLİYOR MUSUN? Ne kadar hissedebiliyorsun? O'nu keşfetmek, hissetmek için her günü hiçe saymadan, O'na bir adım daha uyanıyor musun? Ya da henüz bunların hiçbirini sorgulayıp keşfetmedin mi? Hiç sorgulamadıysanız özünüzden baya uzaktasınız demektir! O zaman şimdi keşfederek hattı hareket ettirme, özüne dönme zamanı...

Her gün kendi özkimliğimizi keşfetmek için biz insanlara verilmiş bir hediyedir. İçimizdeki istek ve arzular, merak ettiğimiz alana geçmemizi sağlar. Alana geçiş yapıldığında bir keşif gerçekleşmiştir. Bir idrak, bir bilgi keşfedilmiştir. **Her yeni keşifte O'nu bir adım daha fazla hissederiz!** Keşiflere çıkma arzusunu kendimize sorarız: Merak ederiz... Ben'im dışımda görünen neler var? Bir arada olduğumuz bu insanlarla neden beraberiz? Neden bu dünyadayız ve bir aradayız? Neden birbirimizden daha farklı kimliklerde, bedenlerde, suretlerde görünüyoruz? **Acaba farklı farklı görünürken hepimizin içinde o aynı özden, samimi HİSler mi**

43

var? Farklı alanlarda öze sahip olan insanlar, farklı açılarda olduğu için, farklı yerlerde yaşadığı için mi çeşitlilik gerçekleşiyordu? Evrenin özü mayası neyse bizim de mayamız, özümüz aynıdır! Hepimiz farklı yerlerde, açılarda, merkezlerde olduğumuz için evrende de, dünyada da ve insanlarda da çeşitlilik oluşmuştur!

Peki ya Alan olmasaydı? Ortak bir alanımız olmasaydı, insanlarla bir arada olmasaydık? Boşluk olarak gördüğünüz tüm alanlar olmasaydı ve içleri doğa ile dolmasaydı? Gördüklerimiz, dokunduklarımız, duyduklarımız, yediklerimiz olmasaydı nasıl keşfedecektik? O'nun kudretini ve kendi özkimliğimizin alanını nasıl deneyimleyecektik? Hiç kimse ve hiçbir şey olmadan, doğa olmadan, hayvanlar olmadan, insanlar olmadan nasıl hissedecektik evrenin, dünyanın ve özümüzün mükemmelliğini? Bilinç yani His olmasaydı, ne Kâinatı, ne Evrenleri, ne de bu Dünyayı ve içindeki tüm zenginliğin çeşitliliğini asla hissedemeyecek ve keşfedemeyecektik!

Tabii ki evrende rastlantısal olarak var olmadık! Artık bilim bu gerçekliği ispatladı. Bilim insanları kuantum fiziği ile kâinatta **"tek bir ortak sicim alanda"** sahip olduğumuzu açıkladılar; ortak alanda **"dolanıklık"** dedikleri görünmeyen bir bağ ile birbirimize bağlı olduğumuz çoktan kanıtlandı. Yani evrende gördüğünüz maddeler ya da göremediğiniz, boşluk sandığınız maddeler ve içinde yer alan samanyolu, Ay, Güneş, Jüpiter yani tüm gezegenler, buna bağlı olarak Dünya ve içindeki doğa ve hayvanlar birbirine bağlıdır! Dolayısıyla tüm insanlar da bir arada birbirlerine bağlıdır! Çünkü kâinattaki her şey ile birlikte hepimiz BİR arada Bütün ve BİRiz.

Peki, ortak alan olmasaydı ve her birimiz bir arada birbirimize bağlı olmasaydık? Birbirimizin farklı farklı suretlerini, çeşitliliğini, aynı yolun yolcusu olduğumuzu nasıl fark edecektik? Farklı yerlerden hareket ederken, farklı yerlere gidiyormuş gibi görünürken hep birlikte aynı yöne doğru gittiğimizi nasıl keşfedecektik? O, biz insanlara verdiği "ÖZHAZNESİ" ile bedenimizin bile bir adım yakınında her zaman bizimledir! Bilimsel olarak, biyolojik olarak, spiritüel olarak keşfetmeye çalıştığınız her şeyde içgüdüsel olarak Yaradan'ın özkimliğini keşfetmeye çalışırsınız! Varlığına inanmasan bile her gün onu keşfetmek için yola koyulursun! Ve her yol eninde sonunda o TEK ve BİR olan özkaynağa yani Yaradan'a çıkar! Her birimizin içinde, özünde olan, ortadaki O tek merkezi, o TAMlığı yani Yaradan'ın özkimliğini tam olarak keşfedene kadar bu dünyada uyanmaya devam edeceğiz!

Artık ayrılmak yok, ayrıymış gibi davranmak yok! Her birimizin kendine ait bir hattı ve bu hat ile birbirimize bağlanarak, birbirimizden güç alabildiğimiz tek bir özkaynağımız var! Ve her birimizin eninde sonunda gideceği, TEK bir merkez ve tek BİR güç var!

Yaradan'ı keşfetmek ve O'nu her yerde beş duyumuzla hissederek idrak etmek için bu dünyada, ORTAK ALAN'da BİR aradayız! Yaşamımızın içinde gördüğümüz ve görmediğimiz tüm zenginliklere, küçük bir taş parçasına, bir karıncaya, kullanmadığımız ve köşeye attığımız bir çay kaşığına bile binlerce kez şükretmek için Hiç'likten gelen Hakikat dolu nedenlerimiz var!

Yaradan'ın özkaynağını keşfettikçe kendimizi keşfederiz. Kendimizi keşfettikçe Yaradan'ın özkimliğini daha fazla hissetmeye başlarız! İçimizdeki yeni keşifler dış dünyamıza yansır ve yaşamımız zenginleşir!

Yaşamın tüm çeşitliliğini keşfetmek için her yeri görmek, her yeri hissetmek gerekir! Her yerde Yaradan'ın kimliğini keşfetmek istiyorsanız, tek bir yere bakıp hakikatin tek bir dilimden meydana geldiği yanılgısına düşmeyin! Her gün uyandığınızda sadece bir kâğıt parçasına ulaşmak için kendinizi tüketmeyin. Özkimliğinizi hapsetmeyin. Keşfetmek için ve insanlara hizmet etmek için uyanın! O zaman istediğiniz tüm maddi kaynaklar size ulaşacaktır.

Bir yere sabitlenmek, kendi içinizdeki çeşitliliği yani bereketi köreltir. Bu yüzden önce sen sabit olmaktan çıkacaksın ki yaşamın zenginleşsin!

İnsanoğlunun bu dünyada tek bir amacı var. Bu amaç, uzaklaştığı özüne geri dönmektir. Kendi özünü keşfederek yaşatmaktır! Diğer amaçlarınız sadece illüzyon olan bu dünyada özkimliğinizi keşfederek sıkılmamanız için oyun alanında size eşlik eden oyuncaklarınızdır! Bu oyun alanlarında saplandığınız, esir kaldığınız her şeyden sıyrılma zamanı. Sizi esir eden her şeyi bırakma zamanı. Çünkü artık uyanma zamanı...

Her şey bir keşif için yola çıkar. Kişiler, eşyalar yanılsamadır. Asıl olan, deneyimlerin içindeki arzuladığın bilgiyi idrak ederek kendimizi keşfetmektir.

AŞK sarmış her yanımı!
Yakmış özden öze ve titretmiş BEN'i...
Ben habersiz, Aşk haberli!
Meğer Aşk'larım beni beklermiş
kavuşmak için...
Keşfetmeden bilemedim!
Ben Aşk'larıma aşk olmadan, meğer
AŞK'lar bana aşkmış evvelden beri!

Aşk Nedir?
Korku ve Sevgi Nedir?

AŞK, keşfedilen idrakin TAMlığıdır, BİR olmuş halidir! Aşk, keşfedilen idrakın bilincidir! Aşk'ı idrak edip bilmeden bu dünyada aşkını yani bilincini yaşatamaz! Bu yüzden bu dünyada AŞK bilinmeden asla ilim edilemez! İlmin yoksa kullanmak için hakkın da olmaz! Ve ancak AŞK'larımız kadar inanca sahip olabiliriz! AŞK etmeden, idrak etmeden yani bilmeden körü körüne biliyormuş gibi yaparak asla inanca aşkla bağlı olamazsınız! İnanç AŞK'ların bağıdır! Her yeni AŞK ile Yaradan'ın özkaynağına bir adım daha bağlanırız! Bu yüzden hakkımız olduğu kadar, aşk edebildiğimiz ALANın bağı kadar inançla bağlanabilir ve özkaynaktan (aşk kaynaktan) güç alabilirsiniz! Hakkınız ve haddiniz olan alanı yani aşklarınızın, bilgilerinizin sınırını aşarsanız İNANÇ alanınızın sınırını aşarak inançsızlığa düşersiniz! Aşk'ı ezberlediğiniz bilgi dediğiniz şeylerle karıştırmayın! Çünkü Aşk ezber bozandır! Yeni bilinçte sadece tek bir güç vardır. O da Aşklarına bağlı olan İNANÇTIR! Yani Aşklarına inançla bağlı olan insandır!

AŞK, hissettiğimiz, hissetmediğimiz, idrak ettiğimiz, henüz idrak edemediğimiz kâinatta var olan tüm alanların ve tüm bütünlüklerin kaynağıdır! Kâinattaki tüm güçlerin tek kaynağıdır! Bu özkaynak, sonsuz aşklarla oluşmuştur! Ve bu aşklar diğer tüm aşklarla (bilinçlerle) tek bir bütünlüğün alanında birbirine bağlıdır! Bu yüzden kâinatta tek bir güç kaynağı vardır! O da Yaradan'ın özkaynağıdır.

Gördüğümüz, göremediğimiz her yerde AŞK ya da AŞK potansiyelleri (eksi (-) ve artı (+)) vardır! Etrafınızda gördüğünüz ve göremediğiniz (boşluk sandığınız) her şey AŞK halleridir. Yani AŞKın yansımalarıdır! Dolayısıyla bilincin yansımalarıdır. Örneğin bir atom parçasının elektron (-) ve protonları (+) birbirlerine âşıktır! Evrende ve dünyada gördüğümüz tüm katı madde yansımaları atomlardan meydana geldiği için de gördüğümüz her yer Aşk'ın yansımalarıdır! Göremediğimiz, boşluk olarak nitelendirdiğimiz her yer olasılık ve bilgi potansiyelleriyle doludur. Bu yüzden boşluk sandığımız her alanda da iç içe geçmiş bir bütünlüğün eşleri bulunmaktadır. Aşk'ın yaşanması için iç içe geçmiş iki zıt açıya yani iç içe geçmiş iki duyguya ihtiyaç vardır! Bu iki zıddın öz açıları iç içe geçmiş eksi (-) ve artı (+)'dır. Bu iki zıt açının öz duygusu ise iç içe geçmiş korku ve sevgidir! Evrende her şey duygulardan meydana gelmiştir! Yani bu dünyada her şey AŞKın yansıması ve parçası olan korku ve sevgiden meydana gelmiştir!

AŞK potansiyelleri demek, henüz insanların idrak etmediği bilgi potansiyellerinin her yerde olması demektir! Yani korku (eksi (-)) ve sevgi (artı(+)) duygu açıları henüz insanların idrak etmediği ve boşluk olarak nitelendirdiğimiz alanda ortada sergilenmektedir! Bir çoğumuzun bildiği gibi boşluk olarak gördüğümüz her yerde "olasılık ve bilgi potansiyellerinin" olduğunu kuantum alanda bilim insanları ispatlamıştır. Fakat bu kitapta anlattığım detaylar kadar hakikat, tam olarak ortaya konulmamıştır. Çünkü ispatladıkları şeyin tam olarak ne olduğunu henüz idrak edememişlerdir.

Her birimiz birbirimize bağlıyız. Ve her birimizin spiral bir döngü içinde bir sırası, hizası vardır. Bütünde her birimiz bir arada TAMız. Fakat kendi içimizde de kendi bütünlüğümüzün TAMlığına sahibiz. Bu TAMlıklar çeşit çeşittir!

Burada anlattığım bilgiler, bilimsel ve ruhsal olarak bilgi potansiyellerinin en öz halidir! Ve bu idrak edilemeyen açı ve duygu bütünlükleri yani gördüğünüz tüm katı madde yansımaları ve boşluk olarak nitelendirdiğimiz alan ayrıymış gibi görünür fakat "dolanıklık" dediğimiz bir bağ ile kâinatta her şey birbirlerine bağlıdır! Onlar sadece ayrıymış gibi görünür! Ayrıymış gibi görünen algı dünyanın bir illüzyonudur. Tabii ki bu illüzyon insanoğlu içindir! İnsanoğlu özkimliğini tam olarak idrak ederek, keşfedene kadar bu illüzyon devam eder! Bu potansiyellerin ayrı olmadığını idrak ederek, iki farklı açının bir olduğunu keşfedip, onları kendi özünüze ayırmadan yerleştirerek yeni bir aşk'a (bilinç) sahip olursunuz!

AŞK, Yaradan'ın özkimliğine giden yolun hattıdır! Ne tek yol vardır. Ne de tek hat. Yol insandır, hat ise sonsuzdur! Yani AŞKlar sonsuzdur!

Özümüzün içindeki bilgiler, iç içe geçmiş korku ve sevgi duygularının birleşerek TAMlık halini oluşturduğu AŞK halleridir. Bir Aşk, bir bilgidir. Bir bilgi ise bir bilinçtir. Aşk; Evrendeki her korku (-) ve sevgi (+) duygu parçalarının yani hislerin bir araya gelerek, iç içe geçmiş, bir olmuş, bir bilgi olmuş halidir! Ayrı gayrı olmadan bu iki ZIT açı birbirlerini çekerek bir araya gelmiş, birbirlerinin BİRde bütün olduğunu idrak ederek birleşmiş ve yeni bir bilinç oluşmuştur. Yani AŞK!

Evrende bir şeyin var olması için karşıt Zıt açısının da olması gerekir! Yoksa ne bu dünyada ne de evrenin en ücra köşesinde var olabilir. Örneğin tek başına bir SEVGİ hali ya da tek başına bir KORKU hali Evrende asla var olamaz! Evren, yaşam zıtlıklarla var olur! Zıtlıkların birleşimi, yargılamadan kabulü, Tamlığı, AŞK'ı doğurur.

Evrendeki iç içe geçmiş her bir bütünün, tamlığın içinde aşklar vardır. Örneğin; Samanyolu, Güneş, Ay, Uranüs, Mars, insan bedeni, ağaçlar, hayvanlar, görmediğimiz tüm çeşitlilik, bütünlük içindeki aşk halleridir. Göremediğimiz boşluk olarak algıladığımız alanlar da iç içe geçmiş bir bütünlüktür. Örneğin, kara madde, nefes alıp verebildiğimiz alan ve rüzgâr gibi boşluk sandığımız tüm alanlarda iç içe geçmiş bütünlük içindeki aşk halleridir. Ve bu aşklar iç içe geçmiş bir bütünlüğün duygu halleridir. Özümüzün içindeki bilgiler, bilinçler iç içe geçmiştir. Salt korku ya da sevgi duygularından oluşmaz! Her iki duygu iç içe geçerek birleştikleri, bütün oldukları, öz hazne alanında bir olmuş Aşk halleridir! Bir oldukları, Öz Hazne alanında AŞK'larını yaşatırlar!

Mucizeye inanır mısın? En büyük mucizenin ne olduğunu, en büyük korkum, sınavım olan HİÇlikten kaçtığım zamanlarda keşfettim! HİÇliğimden kaçarken aslında o kaçtığım, korktuğum ve asla kabul edemediğim alanda yeni bir idraki keşfetmiştim! Dünyadaki görünen ve görünmeyen her bir zerreye âşık olmuş biri olarak, evrenin içindeki her şeyin Hiç'e tekrar gideceğini asla kabul edemiyordum! Sonunda Hiç'liğin neye dönüştüğünü keşfettiğimde sanırım saatlerce zıplamıştım. Şükür... Nasıl da değişti bir anda dünyam... **İnanın! En çok korktuğumuz, kaçtığımız alanda her zaman bizi bekleyen en büyük hediye vardır!**

Rüzgâr bana doğru esmeseydi ve bana boşluğun olmadığını fısıldayarak hissettirmeseydi, boşluk sandığımız o alanların içinde Yaradan'ın deryalarının olduğunu nasıl keşfederek bilecektim?

Korku; bu dünyada sizi özkimliğinize ve yaşamın zenginliklerine doğru adım adım taşıyan, evrenin en güçlü dönüştürücüsüdür! Korku; korkulacak bir şeyin olmadığını idrak etmemiz, algılamamız için vardır. Her bir korkunun ötesine geçme İNANCI bize armağanlar verir! Sonunda anlarız ki korkulacak hiçbir şey yoktur! Çünkü korkunun ötesine geçmek demek, yeni bir aşk potansiyelinin gerçekleşerek özhaznede BİR olmalarını sağlamak demektir! Korkunun aşkı olan sevgiyle birleşerek aşklarını yaşamalarına izin vermek demektir! Korku ve sevgi duyguları her birleştiğinde bir TAM'lık oluşur. Özünüze yeni bir bilinç, aşk eklenmiş olur. Böylece bedenimizde ve özümüzde bu yeni AŞK'ın tamlık hali ile heyecan, coşku ve enerji yaşanır. Bu yüzden her iki açı sürekli titreşirler!

Eğer bir hedefiniz varsa, o hedefe giden yolu korkularınız oluşturur.

Korkularınız; şu an bulunduğunuz alanın dışındaki yerin henüz bilinmemesinden yani size göre karanlık olmasından kaynaklanır. Biz insanlar için o alanın korkulu ve karanlık olması henüz ötemizdeki o ALANın keşfedilmemiş olmasından kaynaklanır. Yani ötemizdeki o alanın bilgisi henüz idrak edilmediği için içgüdüsel olarak o alana adım atarken korkarız! Ve korku duygunuzu hapsetmediğinizde, bastırmadığınızda, görmezden gelmediğinizde yani onu dönüştürdüğünüzde içinizdeki gücü, İNANCI kullanmış olursunuz. Bu inancın gücü de size CESARET ve HEYECAN verir! Heyecanlanmak, insan özü ve bedeni için ŞİFA verici bir histir!

Korku, macera ve heyecanlı anları oluşturur. Bu macera kendi içimizde ve yaşamımızda yaşattığımız heyecandır. Kalbimiz pır pır atmaya başlar çünkü korku hissimizin sevgiyle yani bir diğer parçasıyla tamamlanacağını içgüdüsel olarak hissederiz ve bu coşkuyu bedenimizdeki tüm hücrelerimize, etrafımızdaki tüm insanlara hissettirerek yaşatmış oluruz!

Evrende aşk olma ihtimali olmayan, tüm parçaların ve zerrelerin var olma potansiyeli de asla olamaz!

Evrendeki her şey iki ZIT açının eksi (-) ve artı (+) titreşimleriyle canlıdır!

Sizler korkunun, karanlığın kötü bir şey olduğunu düşündüğünüzde bedeninizde, özünüzde yani yaşamınızda var olan her şeyin yarısını bölerek ayırmış olursunuz! Bu yargı ve ayırma yaşamlarınızda istemediğiniz olayları yaşamanıza sebep olur. Çünkü sahip olduğunuz tek kaynağınızı ikiye ayırarak bölmüş ve gücünüzü yok etmiş olursunuz! Korku ve sevgiyi birbirinden ayıramayız. Ancak ayrıymış gibi düşünerek, ayrılmış ve bölünmüş istemediğiniz bir dolu deneyimler yaşarsınız. Bu yüzden hakikatine uyan...

Kuantum mekaniğinde anlatılan, gözlemciye göre şekil değiştiren elektronlar, özbilinç seviyelerine, farklılıklarına göre yani

gözlemciye göre açı değiştirirler! Bunun nedeni görmediğimiz, boşluk olarak nitelendirdiğimiz her yerde olan olasılık ve bilgi potansiyellerinin bilinçlere göre etrafta var olmasıdır! Yani sizin özbilincinize göre potansiyelleriniz etrafınızda oluşur. Ve olaylarla da yaşamınızda deneyim olarak şekillenir!

Yaşadığımız evrende her şey iç içe geçmiş korku ve sevgi duygularıyla var oldu. Dolayısıyla yaşanabilir ve hissedilebilir oldu!

Hem korku hem de sevgi duygumuzu içimizde hapsettiğimizde yani onları dönüştürerek yaşatmadığımızda içimizde bastırılmış duyguları oluştururlar. İçimize hapsettiğimiz duygular zamanla öfke, kıskançlık, şüphe ve endişe gibi duygu yoksunluklarını oluştururlar! Duygu hapisleri, sabitliğin, yoksunluğun olduğu yerdir. Ve orada hiçbir dönüşüm gerçekleşmez. Dönüşüm gerçekleşmediğinde ise aşk sağlanamaz, bu yüzden de değişim gerçekleşmez! Yoksunlukta sadece duygu hapisleri vardır. Ve bu duygu hapislerinin olduğu yerde hiçbir titreşim yani yenilik, canlılık yoktur. Bu, insanları yokluğa sürükler, çünkü o bölgede iki ZITlık hali olmadığı için titreşim de gerçekleşmez!

HİÇ-ÖZ HAZNE'yi dolduran ilk adımın duygusu KORKU'dur, Karanlıktır! Doluluğu yansıtan ikinci duygu Sevgi'dir, Aydınlıktır! Böylece ilk olarak korku ve akabinde de sevgi doğmuştur!

Artık biliyoruz ki korku dediğimiz şey, Yaradan'ın özkimliğindeki, görünen ve görünmeyen tüm bütünlüklerin ve zerrelerin yarısıdır! Görmezden gelmeye çalıştığımız korku duygusuyla, evrenimizi, gezegenimizi, bedenimizi, özümüzü YARIM ve EK-

SİK bırakarak etrafta sürüklemiş oluruz! Bu bilgisizlik ve cehalet Yaradan'ın böylesine mükemmel olan özkaynağını ayırarak, hissedememek ve yaşayamamaktır!

İşte bu yüzden bugüne kadar anlatılmaya çalışılan hakikat, eksik ve yarım bilgi olmuştur. Çünkü temelden anlamadan, en özde olan korku ve sevgi duygularını idrak etmeden yaşamlarınızı istediğiniz tamlıkta, dolulukta yaşayamazsınız. Ve içinizde hissettiğiniz yarım kalmışlığın, eksik ve ayrı kalmışlığın nedenini en özde bilmeden kendinizi tamlık haline getiremezsiniz! İçimizdeki bu yarım kalma hissi yaşamımıza ve işimize de yansır. Sürekli bir yerleri tamamlamaya çalışırken, hep bir yerler eksik kalarak yıkılır. Çünkü en özden bu Tam'lık idrakini çözmeden temel yapınızı asla sağlamlaştıramazsınız! Sadece sevgiyi kabul ederek genişlemeyi ve dönüşmeyi asla gerçekleştiremezsiniz.

Korkunun ötesindeki karanlığa adım atma cesareti ve inancıyla ilerlediğimiz her an eksi (-) ve artı (+) birleşmiş, parçalar bütünleşmiş, aşk yaşanmış ve yeni bir bilince sahip olunmuş demektir. Bu yeni keşif, insanlar için güç kaynağıdır!

Korku'nun aşkı Sevgi'yedir, Sevgi'nin aşkı da Korku'yadır. Bu iki duygu asla ve asla birbirinden ayrılamaz. Ne olursa olsun birbirlerini bulmak, birbirlerine kavuşmak, tüm zerrelerde ve tüm bütünlüklerdeki benliklerini kavuşturmak için, tam yapmak için hiç durmadan, birbirlerini bulana kadar birbirlerine BAĞLI kalmaya devam ederler! Asla durmazlar. Asla durmadılar ve asla durmayacaklar! Korkusuz Sevgi YOKtur. Bu dünyada sadece sevgi olmak yokluktur. Bu dünyada sadece korku olmak yokluktur. Evren, yaşam, dünyamız, bizler bu iki parçayla (-1+1) bütün ve tam olabiliriz! Evrendeki her şeyin tam olma hali ve hissedilme hali iç içe geçmiş korku ve sevgi duygularından meydana gelmiştir. Bu bilgiyi hiçe sayan Yaradan'ın bütünlüğünü de hiçe sayıyor demektir!

Sürekli sevgi sevgi, aydınlık aydınlık diyenler, karanlığı ve korkuyu ayırıp ötekileştirenler, önce kendi bütünlüklerini ayırarak bölmüş olurlar. Güçlerini bölmüş olurlar. Tüm özbilinçlerini ikiye ayırmış olurlar! Aşklarını ikiye ayırmış olurlar. Dolayısıyla yaşamı da ikiye ayırmış olurlar. Kara maddeyi, elektronları, geceyi, Ay'ı, kadını kısaca evrendeki tüm eksi (-) kutupları hiçe saymış olurlar! Bu kişiler yarım olan benliklerini tamlığa dönüştürmeden kendi yaşamlarını da ayırmaya, yargılamaya devam ederler!

İşte bizler bilinçsizce hayatlarımızı bu yarımlıkta, yoksunlukta yaşadık. Gece olmasa gündüzü nasıl hissederdik? Dönüşüm olmasa nasıl değişirdik? Kadın olmasa bir erkek nasıl VAR olabilirdi? Yaşam hiçlikten; boşluk yanılsamasında, karanlıkta ve korku duygusuyla başladı!

Bu tamlık bilgisini ve bu iki duygunun ne olduğunu tam olarak idrak etmeden, Yaradan'ın ZITlıklarının sistemini idrak edemeyeceğiniz için bu bilgiyi özümsemek çok değerlidir! Bildiğiniz her şeyi unutun özler, çünkü var olan hakikat çok daha sade ve yalın; onu öğrenmek de yaşatmak da çok daha kolay olacak!

Kendi özkimliğinizin sınırsızlığını yaşamak istiyorsanız, kendi içinizdeki tüm boşlukları doldurmalı ve tüm eksi (-) ve artı (+) parçalarınızı birleştirerek aşk (bilinç) yani BİR yapmalısınız! Yani tüm korku ve sevgi parçalarınızı birleştirerek BİR yapmalısınız!

Size karanlığın, korkunun kötü bir şey olduğunu söyleyen kim varsa onların bilinçsizliğinin, eksikliğinin, yarımlığının farkına varın! Ayrı değiller! Ayrı değiliz. Sadece BİR arada Bütün ve TAMız!

Duygularını, Hislerini Yaşattığında!

İnançlısın / Bağlısın - Güvenirsin (Aşağıdaki duyguları yaşarsın.)
Korku ∞ Sevgi / Heyecan - Cesaret - Keyif - Mutluluk - Huzur
Arzu / Almak - Vermek
Doyumlanmak / Yeni Bilgi - Canlılık
Özündesin / Bilinçlisin - Hislerini yaşatırsın - İstediklerin olur.

İnançlı olmak; özünüzdeyken isteklerinize karşı cesaretle adım atabilmektir. İnançta olduğunuzda isteklerinizin size geleceğini bilirsiniz. Bu hisleri yaşattığınız her an inançlısınız, gücünüz sizinle demektir. Böylece cesaretinizle istediğiniz deneyimleri yaşamınızda yaşatabilirsiniz.

Duygularını, Hislerini Hapsettiğinde!

İnançsızsın / Bağlı değilsin - Güvenmezsin (Aşağıdaki duyguları yaşarsın.)
Şüphe – Endişe / Yoksunluk - Yargılamak - Kıskançlık - Cesaretsizlik - Nefret
Arzu Yoksunluğu / Sıkılmak - Sabitlik - Almamak - Vermemek
Doyumsuzluk / İdraksızlık - Yıpranmak - Hastalanmak
Özsüzsün / Bilinçsizsin - Hislerini Hapsedersin - İstemediklerin olur.

İnançsız olmak; özünüzde olmamak, isteklerinize karşı, ya olmazsa ya yapamazsam diyerek cesaretle adım atamamaktır. Bu durumda şüpheye düşerek yoksunluk bölgesinde olursunuz. Şüpheye düştüğünüz her an, inançsızlık bölgesinde olursun bu yüzden kendinizi güçlü hissetmezsiniz. Bağımlılıklarınız vardır, hep başkalarından bir şey beklersiniz ve istemediğiniz deneyimleri yaşatırsınız!

Öz'den olduğunuzda duygularınızı içten ve samimi bir şekilde etrafınızdaki insanlarla, hayvanlarla, doğa ve eşyalarla an be an paylaşırsınız! Duygularınızı an be an etrafınızdakilerle paylaşmaz ya da yaşatmazsanız işte o zaman özünüzden uzaklaşırsınız, Yardan'ın özkaynağından uzaklaşırsınız! Duygularınızı paylaşmadığınızda, yaşatmadığınızda, hizmet etmediğinizde içinize hapsetmiş olursunuz! Hapiste yani yoksunluk bölgesinde hisleriniz yok olmaya başlar bu yüzden de acı çeker! Ve oradan çıkmak için içinizde dolayısıyla dış yaşamınızda acı oluşur! Adeta size uyarıda bulunurlar "beni hapsetme, burada yok oluyorum, acı çekiyorum bu yüzden beni hapisten çıkar ve yaşat" derler. Yoksunluk bölgesinde, hapiste kalan duygularınız içinizde nefret, öfke, kıskançlık, endişe, şüphe gibi yargıları oluşturur! Bu yüzden etraftaki insanların kötü olduğu inançsızlığına düşersiniz! İnançsızlık bölgesinde yani duygu hapislerinin olduğu bölgede de inancınızı inançsızlıkla karıştırırsınız! Yani dünyanın, insanların kötü olduğuna inandığınızı sanırsınız! Yanılgılar yaşarsınız, ayrımlar yaşarsınız! Biz insanlar hislerimizi etrafımızdaki insanlarla paylaşmak için bir aradayız! Bu yüzden hislerinizi çekinmeden, utanmadan ve endişe etmeden paylaşın. Paylaşın ki özünüz aşklarına kavuşurken siz de yaşamınızı doya doya hissederek yaşatın!

İnançlısın / Özündesin

- Özündeysen, yaşamında hiç sıkılmazsın ve her gün kalktığında keyifle çalışmak, hizmet etmek istediğin bir işin olur.

- Özündeysen, yolda, işinde, kafede, kuaförde, uçakta, otobüste karşılaştığın insanlar en özel hizmetlerini sana sunarlar. Ve sen onların hizmetlerini AŞK'la hisseder, sen de onlara AŞK ile bakarsın.

- Özündeysen, istediğin tüm fırsatlar bir bir ayağına gelir. Herkes sana çok şanslı olduğunu söyler. Ve sen de şükrederek şansın inanç olduğunu bilirsin!

- Özündeysen, sevgilinle, eşinle olan ilişkin almak ve vermek dengesini sağlamıştır böylece her iki taraf da her anlamda doyumludur. Eğlenmeyi bilen, asla sıkılmayan, sürekli paylaşacak heyecan verici ve macera dolu anları olan bir çiftsinizdir.

- Özündeysen, etraftaki insanların yetenekleri, maddi imkânları karşısında kıskançlık duymaz bilakis "ne güzel bir yetenek, ne güzel bir eşya, benim de olsa ne güzel hissederdim" diye düşünürsün. O hissi yaşamayı arzularsın. Yaradan'ın sistemi ve dünya senin için ADALETli bir yerdir. Bu durumda adalet de yaşamında hep yer alır.

- Özündeysen, içinde arzu ettiğin şeyi önce kendine, sonra tüm insanlara söyleyerek paylaşırsın. Ve O'ndan istediğin ve inandığın için de arzunu yaşarsın.

- Özündeysen, yaşamında ya da işlerinde sürekli birbirine bağlanan kısmetli olaylarla karşılaşırsın. Böylece sen de etrafındaki insanların, çalışma arkadaşlarının ya da çalışanlarının hayatında oldukları için ne kadar kısmetli olduğunu düşünürsün. Dengeli olduğun için bedenine (yediklerine dikkat edersin) ve özüne (hislerini yaşatırsın) iyi bakarsın.

İnançsızsın / Özünde değilsin

- Özünde değilsen, sürekli sıkılırsın ve her gün kalktığında hiç gitmek istemediğin, çalışmak istemediğin bir işin olur.

- Özünde değilsen, yolda, işyerinde, kafede, kuaförde, uçakta, otobüste karşılaştığın insanlar sana değersizmişsin gibi davranır. Sen istediklerini söylesen bile algılamaz sana istemediklerini sunarlar. İstemediğin şeyleri yaşamanın doyumsuzluğu ile karşı karşıya kalırsın ve sürekli şikâyet edersin.

- Özünde değilsen, istemediğin olaylarla karşılaşırsın. Şansız olduğunu düşünürsün. Ve henüz şansın inanç olduğunu idrak etmemişsindir!

- Özünde değilsen, sevgilinle, eşinle olan ilişkin, almak ve vermek dengesini sağlayamaz. Böylece her iki taraf da her anlamda doyumsuzdur. Böyle çiftler birlikteliklerinde eğlenemez, sürekli sıkılır ve paylaşacakları heyecanlı bir şeyleri olmadığı için de ilişkilerinde yoksunluğu yaşatırlar.

- Özünde değilsen, etrafındaki insanların yeteneklerine ya da maddi imkânlarına bakarak "Bu neden onda var da bende yok?" diyerek haset ve kıskançlık duyarsın. Bu yüzden Yaradan'ın sistemi ve dünya senin için adaletsiz bir yerdir. Ve adalete inanmadığın için yaşamında adaleti hissedemezsin!

- Özünde değilsen, içinde arzu ettiğin, istediğin yaşamı kendine bile söyleme cesaretin olmaz. Böylece sen kendine bile söylemeye cesaret edemediğin bir arzunun deneyimini asla hayatında yaşatamazsın.

- Özünde değilsen, yaşamında ya da işlerinde sürekli can sıkıcı problemler çıkar, aksilikler hep seni bulur. Böylece etrafa, çalışma arkadaşlarına ya da çalışanlarına sürekli kızar, onlardan şikâyet edersin. Dengesiz bir hayatın olduğu için bedenine (yediklerine dikkat etmeyerek) ve özüne (hislerine) iyi bakmazsın.

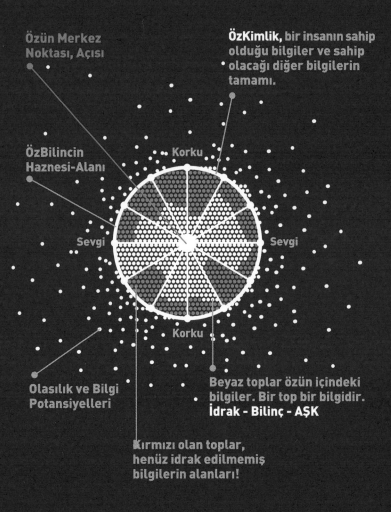

Özün Merkez Noktası, Açısı

ÖzKimlik, bir insanın sahip olduğu bilgiler ve sahip olacağı diğer bilgilerin tamamı.

ÖzBilincin Haznesi-Alanı

Korku

Sevgi

Sevgi

Korku

Olasılık ve Bilgi Potansiyelleri

Beyaz toplar özün içindeki bilgiler. Bir top bir bilgidir. **İdrak - Bilinç - AŞK**

Kırmızı olan toplar, henüz idrak edilmemiş bilgilerin alanları!

Özünüzde olduğunuzda etrafınızdaki "olasılık potansiyelleri" istediğiniz deneyimlerle sarılır! Ve siz istediğiniz deneyimleri yaşarken yeni bilgilerinizi, bilinçlerinizi ÖzHaznenize eklersiniz!

Özümüz Nedir?

Her insanın bir özü ve buna bağlı olarak özbilinci vardır. Özümüzün içindeki bilgilerin tamamına özbilinç denir. Hem evrende hem de biz insanlarda olan bir bilgi, bir bilinç demektir. Bir bilinç ise, bir AŞK demektir! Bu yüzden evrendeki her şey Bilinçlerden yani Aşklardan meydana gelmiştir!

Özbilinç; özünüzün sahip olduğu tüm bilgilerin bir arada, birbirine bağlı olduğu seviyedir! Özbilincinize göre yetenekleriniz ve farkınız oluşur.

Özümüzdeyken hissettiğimiz tüm farklı deneyimler, bizim bilinç seviyemizi artırır! Sürekli aynı şeyleri yapmak, ÖZde sabitlik ve tıkanıklığa neden olur. Bu da idrak etmemiz gereken yeni bilgilerin önünü tıkadığımız anlamına gelir. Bu yüzden hem içsel olarak hem de dış yaşamımızda doyumsuzluklar yaşanır.

Özümüzdeki bu aşk hisleri yani bilgiler yaşam amaçlarımızı belirler! Yetenekli olduğumuz alanlar beş duyumuzla hissettiğimiz bu bilgilerin alanlarına göre belirlenir! Hislerimizi kullanmadığımız yani yaşatmadığımız her an özbilincimizin bilgilerini hiçe saymış, yaşatmamış oluruz. Bilgilerimiz, hislerimiz sahip olduğumuz tek kaynağımızdır! Bu yüzden de onları kullanmamak ve onlardan utanarak saklanmak insanın en büyük yoksunluğu olur!

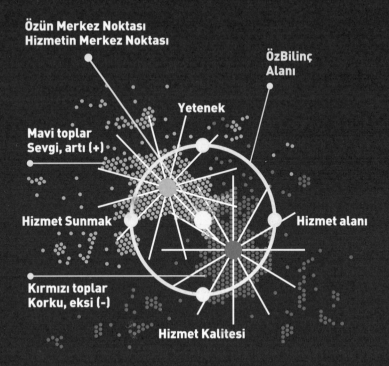

Özün Merkez Noktası
Hizmetin Merkez Noktası

ÖzBilinç
Alanı

Yetenek

Mavi toplar
Sevgi, artı (+)

Hizmet Sunmak

Hizmet alanı

Kırmızı toplar
Korku, eksi (-)

Hizmet Kalitesi

Özünde olmadığın için etrafa saçılmış bilgilerinle kim olduğunu, neyi aşk ile yaptığını kısaca FARKINI ve ÖZELLİĞİNİ bilemezsin! Ve bilmediğin bir şeyi hissedemediğin için yaşatamazsın! **Çünkü iki ZIT açının, iç içe gelerek tamlık oluşturduğu bir yapıyı özünde olmadığın için ayırmış olursun! Dolayısıyla iç içe geçmiş iki zıt açının duygularını yani bilgilerini, aşklarını ayırmış ve etrafa saçmış olursun!** Korku ve Sevgi olan iki zıt açıyı ayırmış olursun. Bu yüzden de özbilincini (aklını) kullanamazsın. Seçim yaparken yanlış seçimler yaparsın. İstemediğin deneyimleri yaşarsın!

Evrenin, dünyanın, kıtaların, ağaçların, kayaların, hayvanların kısaca gördüğünüz her şeyin bir bilinci vardır. Biz insanların ise Özbilinci vardır! Çünkü insanlar kendi TAMlıklarını tamamlayana kadar öz haznede bilgiler yani bilinçler muhafaza edilir! İnsanın kendine has olan Bütünlüğü tamamlanana kadar dünya ile olan yolculuğu dönüşerek devam eder!

Yoksunluk, yoksulluk, ayırmak ve yargılamak; henüz özel ve değerli olduğunuzu idrak edememiş olmanızdandır!

Özkimliğimiz bizim bedenimize yansır, ona şekil verir. Aynı zamanda BEYNİMİZE de yansır! Her şey önce beyinde başlamaz! Özümüzün içindeki bilgilerin yansıtıldığı alandır beyin! Dolayısıyla her şey önce Öz'de başlar. Sonra bedenimize yani beynimize yansır! Beyin ne yapması gerektiğini hemen Öz'den sinyal alarak gerçekleştirir. Öz hazne, özümüzde olup olmadığımızı bir sinyal gibi beynimize iletir ve yaşamımız ona göre şekillenir! Bildiğiniz gibi deneyimler ve anılar beynimizde nöron ağlarında toplanır. Fakat bilinmesi gereken önemli şey, bilginin önce özümüzde yer aldığıdır. Yani önce özümüzün içine yeni bir bilgi ekleriz, bu da bizim bilincimizi artırır. Bu yeni deneyimin idraki hemen bedenimize yani beynimize yerleşir. Üç boyutlu dünyada beş duyumuzla algıladığımız bilincimizin yansımasını, beynimiz aracılığı ile bir projektör gibi yeni deneyimlere yansıtırız! Yani dokunduğumuz, tattığımız, kokladığımız, gördüğümüz ve duyduğumuz tüm deneyimler özümüzün yansımalarıdır! Bu yüzden bu dünya bir illüzyondur! Yani beş duyumuzla hissettiğimiz her şey esasında yoktur. Sadece özümüzün yansımasıdır! Bu illüzyon dünya biz insanların kendi özgürlük alanlarımızı ve sınırsızlığımızı yaşatabilmemiz için yaratılmıştır! Bu yüzden her An'ımıza binlerce kez şükretmeliyiz. Biz insanlar bu illüzyonda bilgilerimizi TAMamlamak yerine, kendimizi ayırmayı, bölmeyi, dolayısıyla insanları ayırmayı ve bölmeyi tercih ediyoruz. Bu yüzden dış dünyada, yaşamda savaşlar devam ediyor. Uyan...

Özhaznemizin içinde bu zamana kadar yaşadığımız tüm deneyimlerin idrakleri vardır. Özbilinç seviyelerimize, binlerce, milyonlarca dönüşümden sonra, defalarca bu dünyaya gelerek idrak ettiğimiz, hissettiğimiz bilgilerle sahip olduk! İşte tam da bu yüzden her insanın özbilinci şüphesiz çok kıymetli ve değerlidir! Çünkü bu zamana kadar olan özbilincine sahip olmak için, milyonlarca deneyim yaşadın! Bu yüzden bu bilgilerin sadece sana ÖZEL'dir. Ve unutma ki ÖZEL olduğun tek alan özünün merkezidir! Yani özünde olduğun zaman özel alanında olabilirsin. Özel olan şüphesiz farklı ve özgündür. Bu yüzden de her insan farklı ve özgündür yani özeldir! Bu fark ve özgünlüğün yansıması olan Özel Kimliğinden ve özel alanından asla şüpheye düşme insan! Yani asla kendini değersiz hissetme!

Özkimlik ile biz insanların bu dünyada olma amaçları oluşur. Bu dünyada herkesin bir amacı vardır. Bu amaç sıralı bir özbilincin yansımasıdır! Yani insanların bilinç seviyelerinin bir sırası vardır. Ve bu bilinç sıralaması ile dünyada olma amaçlarımız oluşur! Bu yüzden evrende ve dünyada her şeyin spiral bir ritmik döngüsü vardır!

İstediğiniz her yere gidin, tüm kutsal topraklara, tapınaklara gidin ya da istediğiniz kadar meditasyon yapın, dua edin... Özünüzde olmadan, Yaradan'ın özkimliğini idrak etmeden, kendi özkimliğinizi yaşatamazsınız!

Yaradan insanları kendinden olan bir parçasıyla yaratmıştır! Bu parça hepimizin içinde olan "Öz haznedir!" Bu öz hazne sayesinde, biz insanlar kendi özkimliklerimizi tam olarak şekillendirebilme, özbilinçlerimizi tam doldurabilme yüceliğine sahip olduk! Öz hazne, kendi özümüzde içgüdüsel olarak çalışan bir mekanizmadır. Ve özümüzün "özkaynağını" oluşturur. İnançlı olursak, özbilincimiz genişledikçe özkaynaklarımız da genişleyerek çoğalır!

İnsanlara sunduğunuz aşk dolu bir hizmetiniz olduğunda, Yaradan'ın özkaynağı sizi her yönüyle besleyecektir. Yani her yönden zenginleştirecektir!

Hissedilmeden yaşatılan her deneyim kurudur. Kuru kuru bir deneyim sizi sadece KURUTUR!

Özün, Özlere Hizmeti nedir?

Her insanın bu dünyada var olma amacı vardır. Ve bu amacın bağlı olarak hizmet edeceği alanı oluşur. Yeni bilinçte artık hayatta olma sorumluluğumuzdan kaçamayacağımız için içimizdeki çeşitliliği, zenginliği insanlara yansıtmamız gerekiyor. Yani insanlara hizmet etmemiz gerekiyor! Kendi özbilincimizi kullanarak çalıştırdığımızda, kendi kimliğimizin yeteneğiyle insanlara aşk ile hizmet etmiş oluruz. Kendi farkımızı kullanarak hizmet ettiğimiz, çalıştığımız her an özel olduğumuz alanda bulunuruz! Özel alanımızda bulunup insanlara hizmet ettiğimiz An'larda kendimize isteklerimizi çekiyor oluruz! Her birimizin farklı ve özgün olması, hizmet alanlarımızın çeşitliliğini, zenginliğini oluşturur. Çünkü çeşitlilikte ve zenginlikte bir hizmet vardır. Herkes aynı olsaydı zaten kimsenin kimseye hizmet etmesi, farkını ve özgünlüğünü hissettirmesi gerekmezdi. Zaten böyle olsaydı bu dünyada bir arada da olmazdık! Yani insanlık olarak dünyada olmazdık!

Her birimizin birbirimize sunacağı, kendi yeteneğiyle oluşmuş bir hizmeti vardır. Bu hizmet illaki özel bir sanat yeteneği olmak zorunda değildir. Hizmet alanları çeşit çeşittir. Her bir hizmete bu dünyada ihtiyacımız var. Çünkü her birimiz bütünde BİRiz. Sadece bir kişiye bile hizmet ederek yaşam amacınızı ortaya koyabilirsiniz. Yeter ki hizmetinizi aşk ile yapın! Hizmet ettiğimiz insanlar çoğaldıkça, sorumluluğumuzun yükü de çoğalacaktır. Bu yüzden burada önemli olan tek şey kaç kişiye neyle hizmet ettiğimiz değildir. Önemli olan başkasının hizmet amacını üstlenmeden, kendin olarak, özünde olarak hizmetini sunup sunamadığındır!

Özbilinci yüksek olan kişilerin yeni bilinçte sorumlulukları da fazladır. Sorumluluklarını yerine getirmezlerse, yüksek bilinç

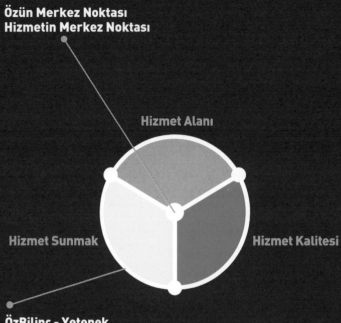

**Özün Merkez Noktası
Hizmetin Merkez Noktası**

Hizmet Alanı

Hizmet Sunmak

Hizmet Kalitesi

**ÖzBilinç - Yetenek
Bilgi toplarının olduğu alandaki
renklerin karışımı.**

Kendi özünüzün merkezinde olmazsanız, kim olduğunuzu ve hangi yeteneklere sahip olduğunuzu bilemezsiniz. Dolayısıyla dünyadaki hizmet amacınızı bilemezsiniz!
Yukarıda 3 ana taşıyıcı için 3 ana renk kullanılmıştır. Bu 3 ana rengin tamamı karıştırıldığında siyah oluşur. Bilgilerinizin olduğu alandaki renkler birleşir ve sizin renginiz ortaya çıkar. Yani yeteneğiniz!

insanı daha derin inançsızlık çukuruna iter! Sorumluluklarını yerine getirirlerse, özbilinçlerini kullanarak daha fazla insana hizmet edebilirler. Yeni bir keşif yapmış bilim insanı, dünyadaki bütün insanlara hizmet etmiş olur! Mesela benim en büyük arzum dünyadaki tüm insanlara aşk ile hizmet etmektir. Bu yüzden de dünyadaki tüm insanların hizmetçisi olmak istiyorum!

Yaradan'ın özkaynağı, kâinatta var olan tüm bütünlüklerin, BİR ve TEK merkezde toplanan tek güç kaynağıdır! Yani var olan tüm güçlerin, tek alanda toplandığı BİR kaynaktır!

İlham duymakta hiçbir sorun yoktur. İçindeki, dolayısıyla dış dünyandaki karmaşayı yaratan şey, ilham aldığın kişi gibi davranmaya çalışmaktır. Seni yok sayarak, özünü yok sayarak!

Dolayısıyla biz insanların da sahip olduğu tek kaynak alanıdır! Biz insanlar bütünsel özkaynağın parçası olduğumuz için, kendi özümüzün özbilinci kadar özkaynağa sahibizdir! Tabii ki özümüzde olduğumuz zaman hakkımız olan kaynağa ulaşabiliriz.

Özbilincimiz ile özkaynağımıza yani Yaradan'ın "bütünsel özkaynağına" bağlanabiliriz! Özbilincimizi kullanarak yani insanlara özbilincimiz ile hizmet ederek, özkaynak ile birlikte olabilir, böylece kaynaktan beslenebiliriz. Kendi kimliğimizi ve özgünlüğümüzü bu özkaynak sayesinde inançla besleyerek güçlendirebiliriz! Aynı zamanda bu güç bizim yaşam amacımızın hizmetini de güçlendirir.

Biz insanlar özümüzdeyken ana özkaynağa bağlı olabiliriz! Yani "Ortak sicim alanında tüm güçlerle birbirimize bağlı oluruz!" Bir arada olduğumuzda ve birbirimize bağlı olduğumuzda kendi içimizdeki özel alanımızın değerini hissederiz. Çünkü içimizdeki çeşitliliğin bir zenginlik olduğunu, bağlı olduğumuzda biliriz. Bu çeşitliliğin zenginliğini hissederek insanlara hizmet eder ve birlikte bir olduğumuzu hissederek birbirimizden besleniriz! Çünkü bir arada olmak ve özkaynak ile bağlı olmak inancın yaşatılmasıdır!

Özümüzün özellikleriyle ön planda olmak isteriz! Bu içgüdüsel bir arzudur. Özümüzdeki bilgilerimiz içgüdüsel olarak bizden özel olduğumuz alandaki eylemimizi gerçekleştirmemizi, ortaya koymamızı ister. Yani hizmet etmemizi ister! Çünkü özbilincimizi çalıştırmak özümüzü doyurur!

Özümüzde olmadığımız zamanlarda "ortak sicim alanından" koparız! Dolayısıyla özümüzde olmadığımızda Yaradan'ın özkaynağından kopmuş oluruz! Zamandan ve İnançtan kopmuş oluruz! Dolayısıyla gücümüzden kopmuş oluruz. Bu da insanlara hizmet etmediğimizin göstergesidir.

Bu kopuş bizi şüphe bilinçsizliğine yani inançsızlığa düşürür! İnancınız yoksa kendinizi yaşatacak kaynağınız dolayısıyla gücünüz de olmayacaktır! Yani insanlara hizmet edebileceğiniz kaynağınız da olmayacaktır! İnsanlara hizmet etmek biz insanları besler. Hem özümüz beslenir, hem bedenimiz beslenir, hem de yaşamımız her anlamda beslenerek zenginleşir! Yeni bilinçte, her insanın özündeki bilinçleri yaşatan bir hizmeti olmalıdır. Çünkü bir hizmetiniz olmazsa kendinizi asla kimlikli ve özel hissedemeyeceksiniz.

Bir aradayız ve birbirimize bağlıyız çünkü birbirimize farklılıklarımızı yansıtmak, özgünlüğümüzün farkını ortaya koyarak insanlara hissettirmek için bir aradayız! Bu hizmet, seni diğer insanlardan farklı kılan, en doğal halini yansıtan bir şey bile olabilir.

Özümüzde olmadığımız zaman, sahip olduğumuz bilgileri de kullanamayız. Ne olduğumuzu, kim olduğumuzu bilmezsek asla doyumlu, mutlu, heyecan dolu ve arzu dolu anlara sahip olamayız. Bilincinizin, özünüzün ne olduğunu bilmek size ne kadar değerli ve özel olduğunuzu hissettirir. Bu da size kendinizi, özünüzü yaşatma cesareti verir. Sahip olduğunuz özbilincinizi yaşatmak sizin tek hakkınızdır! Unutmayın, haklı olduğunuz tek yer, özünüzün hislerini yaşatmaktır!

Yeteneklerimiz, bizim en çok kullanmak istediğimiz hislerimizin eylemlerini oluştururlar. Bu yüzden de özel bir yeteneğiniz varsa bunu eyleme geçirerek insanlarla paylaşmak istersiniz! Bu, insanlara aşk ile sunduğunuz hizmetinizin yansımasını oluşturur.

Sen kendini özel ve değerli hissetmediğin için insanlar da sana özelliksiz ve değersiz biriymişsin gibi davranacaklardır!

Ancak özünü yaşatan bir insan yaptığı işin hizmetini aşk ile sunabilir. Hizmet bilincini tam olarak hisseden, sadece almak değil, almak ve vermek dengesini yaşatabilen bir kişi, yeni bilinçte güce ve değere sahip olabilir. Yeni bilinçte işini, yaşamını geliştirerek marka olmak isteyen insanlar özkaynaklarını tamamen kullanmalılar. Yani özbilinçlerini kullanarak, özel bir hizmet sunmalıdırlar! Başkalarından esinlendikleri, kopyaladıkları yani çaldıkları bir bilinçsizlikle asla güce ve marka değerine sahip olamazlar! Yani kişi

**Özün Merkez Noktası
Hizmetin Merkez Noktası**

**Yüzde 40'lık ÖzBilincini
kullandığında, ÖzBilinç Alanın
turuncu alan gibi yamuk ve
çarpık yani düzensiz olacaktır.**

Yetenek

**Oluşum - Doyum
Hizmet Sunmak**

**Düşlemek
Hizmet alanı**

Ana Taşıyıcı
Kolon

Hizmet Kalitesi

Diyelim ki yeteneklerinin yüzde 40'lık bilgisini
kullanıyorsun. Bu otamatikman senin hizmet
ettiğin alana yansır. Büyük ihtimalle var olan
bilgilerini, yeteneklerini yansıtan bir Hizmet
yapmıyorsundur. Yüzde 40'lık oran kadar
Hizmetin (ürünün) kalitesine yansır. Özün her
zaman hakikati bilir ve kendi merkezinde
olmadığında hizmet alanında yoksunluk bilinci
vardır. Bu yüzden düzensiz ve kalitesiz bir hizmet
sunarsın. **Yüzde 40'lık bir hizmetin karşılığı
yaşamına da yüzde 40'lık bir hak sunacaktır!**

farklı ve özgün olduğunu hissetmeden kendi özkaynağını kullanamaz. Kendi özkaynağına ulaşmış bir insanın kopyalamaya ihtiyacı olmaz! Bu yüzden özünüzün yetenekleriyle yaptığınız bir hizmeti sürdürülebilir kılabilirsiniz. Çünkü özkaynağınıza ulaşmışsınızdır. Ve hizmetinizi geliştirmek için özbilincinizi de sürekli geliştirmeniz, yenilemeniz gerekir! Özbilincinizi kullanarak yönettiğiniz işinizin hizmetini doğru ve yerinde kararlarla yönetebilirsiniz! Bu da size yeni kaynaklar ve yeni idrakler sağlar. Ancak o zaman yaşamınızda doyumlu olur ve işinizin hizmeti ile bir değere sahip olabilirsiniz. Bunu sadece kendi özbilincinizi kullanarak yapabilirsiniz. Bu yüzden farkınıza, kendi özünüzü yaşatarak ulaşabilirsiniz!

Artık bildiğiniz gibi özünüzde olmadığınızda bilgilerinizi kullanamazsınız. Çünkü bilgilerinizin olduğu alanda, merkezinizde değilsinizdir! Bu yüzden farkınızı ve yeteneğinizi kullanamaz ve hizmet edeceğiniz insanlara sadece almak (para) gözüyle bakmaya başlarsınız. Yani tek taraflı bir çıkar ilişkisi içinde sadece almak istersiniz. Bu durumu ne kadar saklamaya çalışırsanız çalışın, yeni bilinç bu bilinçsizliği karşı tarafa yani insanlara hemen yansıtacağı için insanlar senin sadece almak istediğini hemen hissedeceklerdir! ZITlıkların Sistemi Almak ve Vermek üzerine kuruludur. Evrende hiçbir zaman tek taraflı bir "alış" hali yoktur, olmamıştır ve olmayacaktır! Bizler eski bilinçte bunu hemen görüp hissedemiyorduk. Çünkü zamana daha fazla yayılıyordu. Yani yansıması zamanda biraz uzun sürebiliyordu. Fakat şimdi yeni bilinç buna asla izin vermeyecek. Herkes bundan sonra yaptığı seçimlerin sonuçlarını çok hızlı bir şekilde yaşamında hissederek deneyimleyecektir. Bu yüzden özünde olan insanlar yeni bilinçte özbilinçlerini kullanarak maddi ve manevi istedikleri kaynaklara bu dünyada ulaşabilecekler!

Yeni bilinçte, özel olan bir hizmetin karşılığını hislerimizle hemen hissederiz. Ve özümüz içgüdüsel olarak hizmetin kalitesini hemen anlar. Yani hizmet gerçekten bir insan özündeyken mi, yoksa özünde değilken mi yapılmış bunu hemen hissederek anlar. Daha açık bir ifadeyle söylersek, insanlara yalan söyleyip boş vaatlerle kandırarak etkilemek için mi yaklaşıyorsun? Yani sadece para ve hırs odaklı, tek taraflı bir kazanç (almak) peşinde misin? İşte bunu özümüz hemen anlar! İnsanlar özleriyle hemen her şeyi hissederler. Bu yüzden de özünüzde olmadan yaptığınız işleriniz gelişemeden yıkılacaktır!

Özel olduğunu anladığında yani hissettiğinde bu senden, diğer tüm insanlara bir projektör gibi yansıyacaktır. Aynı şekilde özünde olmadığında, yapmacık olduğunda da bu hemen diğer insanlara yansıyarak anlaşılacaktır. Sen kendinle ilgili ne hissediyorsan bu hemen karşı tarafa yani insanlara geçecektir. Özel olduğunu hissettiğinde, insanlara işinin, hizmetinin özel ve aşk ile yapılmış bir hizmet olduğunu hissettirirsin. Ve hemen karşılığını alırsın. Özellikle yeni bilinçte sen kendinle ilgili hangi histeysen (özünde ya da özsüzlüğünde), karşı taraf bunu senden hemen alır ve sana bir projektör gibi hemen yansıtır! Özel olduğunuzu tam olarak hissetmezseniz bu, yaptığınız işlerin hizmet kalitesine de hemen bir projektör gibi yansıyacaktır.

Özün, özlere hizmeti vardır. Kendi yeteneğinizi fark ettiğinizde aşkla, sıkılmadan yaptığınız işiniz yani hizmetiniz olacaktır.

İstediğin kadar yetenekli ol, özbilincin çok yüksek olsun hiç fark etmez, kullanılmayan ve yenilenmeyen bir özbilinç zamandan kopar ve özsüzlüğe düşer. Düştüğün o yerde, özünde değilsindir. Orada bilinçsiz seçimlerinle inançsızlığı dolayısıyla şüphe ve yoksunluğu yaşamında yaşatırsın! Zamansızlıkta kullanılmayan her şey yani özbilincin bile paslanır. Gerçekten özel olmak ve kendi kimliğini yaşatmak istiyorsan önce şu pası bir temizleyelim. Sonrası çok basit ve sade! Tıpkı ZITlıkların Sistemi gibi adım adım özünü çalıştırarak, özbilincini tamamen yaşatalım!

Peki özümüz tam olarak nelerden besleniyor? Hislerden... Hissetmek derken BEŞ duyumuzla hissettiğimiz her şeyden bahsediyorum. Duyduğumuz, dokunduğumuz, tattığımız, gördüğümüz, kokladığımız her şey, tüm hislerimiz özümüzü besler. Özündeyken, beş duyunla yaptığın hizmetinle insanları etkilersin! Ve bu hizmet aşk ile yapıldığında hizmetiniz kimlik kazanır. Özbilincini sürekli genişlettiğinde de hizmetin sürdürülebilir bir kaynağa sahip olur. Özündeyken yapılan her bir hizmet, insanın yaşam alanını genişletir yani yeniler. Tıpkı evrenin sürekli genişleyerek yenilenmesi gibi! Yenilik her zaman insana zenginlik katar!

Özünüzün hangi özelliklere, renge, ritme, yapıya sahip olduğunu bilirseniz yaşam amacınıza yani hedefinize yönelik kararları daha doğru alıp yönetebilirsiniz. **Özgünlük ve fark hissedilmezse bu ilişkilerine, işine ve yaşamının her alanına yansıyacaktır. Farkında olmamız gereken tek hakikat özümüzün içindeki bilgilerdir. Yani özbilincimizin ne olduğunun farkında olmamız gerekir!**

Peki bu farka nasıl ulaşırız? Bu farka ulaşamayız; çünkü zaten onunlayız! Özümüz farkı ile bizimledir. Mesele farksız olduğumuz, sıradan olduğumuz bilinçsizliğinden, duygu hapsinden, düşüncesinden çıkmaktır. Nasıl herkesin parmak izi birbirinden farklıysa özlerimiz de birbirinden farklı ve benzersizdir. Ne kadar uğraşırsanız uğraşın özünüzün farkını yok edemezsiniz. Sadece yok olduğunu düşünebilir, bilgileriniz yokmuş gibi davranabilirsiniz. Ama asla özünüzün farkını yok edemezsiniz. Bu yüzden de yoksunluk bilinçsizliğini yaşamınıza çekersiniz. Yani istemediğiniz olayları hayatınıza çekersiniz.

O kadar alışmışız ki sıradan olmaya, o kadar alışmışız ki görmezlikten gelinmeye, o kadar alışmışız ki kendimizden kaçarak saklı saklı yaşamaya... Bu yüzden özel olduğumuz alana, özümüze geçerken biraz zorlanıyoruz! Özel olduğumuz alan, insanlığın yüzyıllardır, belki de binlerce yıldır hayal ettiği bir arzudur! Zaman geldi, hadi özüne UYAN!

*Fazlalıklardan kurtulmak!
Üstümüzde hakkı olmayan yükleri
atarak hafiflemektir!*

Farklı Olmak İstemeyen Var mı?

ARANIZDA FARKLI OLMAK İSTEMEYEN VAR MI? Varsa sizin için üzgünüm, çünkü evrende ve bu dünyada farksız ve özelliksiz hiçbir şey yoktur ve asla da olmayacaktır!

En temel ihtiyacımız, kendimizi özgün bir şekilde ifade edebilme özgürlüğüdür. Bizler yıllarca yoksunluk bilinçsizliği yani duygu hapisleri yüzünden hep eksik, yarım ve yetersiz olduğumuzu hissettik. Kısaca kendimizi hep farksız ve değersiz hissettik.

Hep başka kişilere, başka hizmetlere benzemeye çalışarak "kopyala yapıştır" mantığının önemli ve değerli olduğu yanılgısına düştük. Çünkü kopyalamak, olmadığınız bir bilgiye ya da olmadığınız bir kişiliğe sahipmişsiniz gibi yapmaya çalışarak insanları kandırmaktır! Çünkü sahip olmadığın şeylere, sanki sahipmişsin gibi göstermeye çalışıyorsundur. Kısaca özsüzsün demektir. Artık yeni bilinç senin yapmacık olmanı, samimiyetsiz olmanı, yalan söylemek zorunda kalmanı asla ve asla istemiyor! Yeni bilinç, biz insanlardan sadece ve sadece ne kadar kıymetli ve özel olduğumuzu hissederek bu hisleri bu dünyada deneyimlememizi istiyor!

Eksik değiliz farklıyız! Eksik değil, fazlalığımız olduğunu kavramalı, bu fazlalığın, üzerimize almaya çalıştığımız, hakkımız olmayan fazla yükler olduğunu idrak etmeliyiz! Sürekli bu haksızlıkla, fazlalıkla, yükle dolaştığımızı bilerek yüklerimizi atmalıyız. Atalım ki bizler de yaşamımızda haksızlıklarla karşılaşmayalım!

O zaman üzerimize örttüğümüz örtüyü atıp, saklandığımız yerlerden çıkalım. Çünkü sahip olduğumuz cevher, örtünün altında, saklandığımız yerde, hislerimizdedir!

Seninle benim, onunla bunun arasında hep bir fazlalık oldu. Yani hep haksızlık oldu! Çünkü sürekli hakkımız olmayan yükleri üzerimizde taşımaya çalıştık! Ne eksik ne de fazla, tam olarak neye sahipsen, özbilincin ne kadarsa işte sen o kimliktesin. Ne eksikmiş gibi davranıp sorumluluğundan kaç, ne de fazlaymışsın gibi göstererek sırtına taşıyamayacağın yükleri al!

Başka kişiler gibi olmaya çalışmak; başka kişilerin krallığında sadece yoksun olarak yaşamaya çalışmaktır! Çünkü özden olmadığın, özünde olmadığın için farkını ve özelliğini hiçe sayıyorsundur!

İnsanlık olarak belki de en büyük yoksunluğumuz buydu! Fazlalıklar özgünlüğümüzün farkını örten bir örtü gibidir. Bu örtünün altında özgünlüğümüz saklanmıştır. Yükümüzü atalım ve duygu hapislerimizi serbest bırakarak özümüzün hislerini yaşatıp hafifleyelim! Özbilincinizi başkaları tarafından yönetilme baskısından kurtarın! Her insan kendi özünden sorumludur. Ancak kendi hislerinin bilinci ile düşleyerek sadece kendini yönetme hakkına sahiptir.

Her zaman kendi hislerinize göre arayın ve bulun. Başkalarına göre bulabileceğiniz bir hakikatiniz, hakkınız yani kimliğiniz yoktur! Kendiniz için en iyi olanı sadece siz bilirsiniz. Bilgileriniz özünüzde ve sadece size özledir. Bu yüzden de kullanma hakkı sadece size aittir! Ve bu bilgilerinizle istediğiniz şeyi ancak siz hisseder ve siz yaşatabilirsiniz. Kendi yaşamınızı yönetecek tek kaynağınız özünüzdedir!

Özkimliğimizi sakladığımız örtüyle etrafımıza baktığımızda çevremizdeki insanlardan şüphe duyarız, kıskanırız ve onları ayırırız. Bizi dışlayacaklarını sanırız. Örtünün altındayken diğer özlerin özgünlüklerini hissedemeyiz çünkü örtünün altında duygu hapsinde oluruz! Duygu hapsi yanılgının, yargının, ayırmanın olduğu yoksunluktur!

Özden gelen hislerin sana her zaman rehberlik eder. Özünde yapman gerekenleri söyler ve sana özel olduğunu hissettirir!

Neden Herkes Bilinir Olmak, Özel Olmak İstiyor?

Herkes şöyle bir etrafına baksın, hemen hemen herkes bilinir olmak, özel olmak istiyor! Peki, bu duygunun temelinde yatan en öz his nedir? Neden birçok kişi bilinir ve özel olmak istiyor? **Nedeni, her birimizin, özünde olan özgünlüğü, farkı yani değerli ve kıymetli olduğu hissini yaşayarak hissetmeyi çok arzulamasıdır! Yani artık insanlık özel olduğunu, değerli olduğunu hissetmek istiyor!**

Özel olan tarafta yani özünde olduğunda özgünlüğünün özelliği yani seni diğerlerinden ayıran farkın ortaya çıkar. Bu duyguyu hissetmek, en öz arzumuzla gelen hakkımız olan yaşam biçimidir. Yüzyıllardır insanlığın hasretle beklediği "özel" olma hissini yaşatma vakti geldi!

Hislerimizi gizlediğimiz, bastırdığımız her saniye kendi özel alanımızdan bir adım daha uzaklaştık. Özümüzden ne kadar uzaklaştıysak, özel olduğumuz alandan da o kadar uzaklaşmış olduk. Bu yüzden oyun içinde oyuna dalarak kendimizi hep değersiz hissettik. Duygularımızı dönüştürerek yaşatmak yerine onları hep hapsettik. Ve bu duygu hapsinde özgünlüğümüz söndü, farklılığımız da yerini sıradanlığa bıraktı... Ve özün temel besini olan özel olma hissi bizi terk etti! Dolayısıyla özümüz uzun yıllar besinsiz kaldı. Bu yüzden özden öze herkes bilinir ve özel olmak istiyor. Çünkü artık herkes özel olduğunu hissetmek istiyor. Bu yüzden de Yeni Bilinç biz insanları özümüze, özel olduğumuz alana çağırıyor! Özel ve değerli olduğumuzu hissederek yaşamamızı istiyor. Şükürler olsun...

İnancın sağlam değilse yaşamının temeli de sağlam olmayacaktır. Bu yüzden de en ufak bir sarsıntıda yıkılacaktır!

Temel İnanç Sisteminizin Sağlam Olması Neden Önemlidir?

İnsan; tek noktada, tek merkezde, tek özde, tek bedende bir varoluşa sahiptir! Bu dünyada tek bütünselliğe sahip bir insan, kendi tek özkimliği ile bir özbilince ve özkimliğinin yansıtıldığı tek bir bedene sahiptir! Bu yüzden özümüzün tek merkezindeyken, özbilincimizi kullanabilir böylece tek bedenimizin eylemlerini yöneterek istek ve arzularımızın çekim gücüne sahip olabiliriz! Bu dünyada insan, iki ya da üç özkimlikteymiş gibi davranmaya çalıştığında iki ya da üç bedeni varmış gibi davranmaya çalışır! İnsan bunu yaptığı her an, özünü ve bedenini sahipsiz bırakmış olur! İşte tam olarak bu yüzden insan bu dünyada temel inanç sistemini sağlam bir alanda inşa edememiş olur! Çünkü BİR'den fazla özkimlikte olmaya çalışarak yani olmadığınız kişilikler arasında gelgitler yapmaya çalışarak sadece içinizde gelgitler oluşturursunuz! Ve içiniz dış yaşamınıza yansıdığı için bu gelgitlerin bedeli yaşamınızda sarsıntılara ve yıkımlara sebep olur! Sizin dışınızdaki insanlar ise bu dünya illüzyonunda sadece bu sebebe "vesile" olabilirler! Sizin dışınızdaki insanların yaşamınızdaki tek hakları "vesile" olmaktır! Sadece İnaçlarınızın ya da İnançsızlıklarınızın seçimlerine bu dünyada vesile olarak size yoldaşlık yaparlar! Bu yüzden Temel İNANÇ sistemimizin idraki çok kıymetlidir!..

Başkaları gibi olmaya çalışarak kendi merkezimizden, özümüzden ayrıldığımızda bedenimizi sahipsiz bırakmış oluruz!

Sanki kendi özkimliğimizden başka bir kimlik ve ikinci bir bedenimiz varmışçasına hareket etmeye çalışırız. Biz insanlar bazen bulunduğumuz yerlere, kişilere yani alanlara göre farklı kimliklere sahipmiş gibi davranırız. Genelde bulunduğumuz ortamlara göre, farklı rollere bürünürüz. Sanki farklı farklı özkimliklerimiz varmış gibi ya da farklı farklı bedenlerimiz varmış gibi. Bu durumda fizik yasalarına da ters hareket etmiş oluruz. Yaşamımızın amacı, tek bir bedende var olan tek özümüzü yaşatmaktır! Bu dünyada özümüz ve bedenimiz hem kütle çekim yasasıyla hem de kuantum fiziğiyle bir arada, bağlı çalışmaktadır. Özümüzü ve bedenimizi fizik yasalarıyla uyumsuz bir şekilde yaşamaya çalışarak dengemizi bozarız. Bu da zıtlıkların sistemiyle uyumsuz bir biçimde olduğumuzu ve özkimliğimizi yaşatmadığımızı gösterir. Yani sadece ruhsal olarak değil, fizik yasalarına göre de özümüzde olmadığımız zaman, özkaynaktan ve ortak alanın gücünden kopmuş, dolayısıyla kendimizle olan bağımızı koparmış oluruz.

Ortak sicim alanında hepimiz birbirimize bağlıyız. Bağlı olduğumuz bu yer, Yaradan'ın özkaynağının olduğu yerdir! Özümüzde olmadığımız zaman merkezimizden ve spiral döngüdeki hizamızdan çıkarız! Böylece ortak sicim alanından koparız. Koptuğumuz yer, ana özkaynağın kendisidir. Böylece gücümüzü aldığımız tek kaynak olan "ortak sicim alanından" ayrılmış oluruz. Kendi özkimliğimizden ayrılmış oluruz. Ortak sicim alanı, Yaradan'ın kendi bütünsel kimliğinin kaynağıdır. Bu kaynaktan koptuğumuzda yaşamımızın temelini sağlam bir yapıya oturtamayız.

Tek beden içinde tek öze sahip olduğunuz gerçeğini sürekli olarak görmezden geliyorsunuz. Endişe ve şüphe odaklı bir düşünce biçimiyle, özünüzü yaşatmak yerine hep hapsederek, başka kişiler, benlikler olmaya çalışıyorsunuz. Özünüzden farklı düşünce kalıplarını kendi özünüze uydurmaya (yama yapmaya) çalışıyorsunuz. Asıl yaşamak istedikleriniz yerine yani özünüzün farkını, özelliğini hissetmek ve yaşatmak yerine toplum baskısıyla çoğunluğun açısına uyumlanmaya çalışıyorsunuz.

Kendi benliğinize uymayan, içinize sinmeyen, aklınıza yatmayan davranış biçimlerini benimsemeye, onlara körü körüne inanmaya çalıştığınızda sadece inançsızlığı yaşatıyorsunuz! Elbette sizi anlıyorum. Çevremizde inanılmaz bir bilgi karmaşası var. Hakkı olan, bilen de anlatıyor, hakkı olmayan, bilmeyen de! Bilen de yazıyor, bilmeyen de yazmaya çalışıyor. Bazıları dinsel yorumlarıyla kafanızı karıştırırken, bazıları da spiritüel ve ruhsal öğretileriyle henüz kendinin bile idrak edemediği, yaşamına uygulayamadığı şeyleri anlatmaya çalışarak özünüzü ve zihninizi karıştırmış durumda. Bu yüzden içinizde, özünüzde, bir yerlerde bir şeyler TAM olarak oturmuyor! Size hayatınızı değiştireceğini vaat eden yöntemler öneriyorlar ya da ezberler yaptırıyorlar. Siz de ezberleyince olayı çözeceğinizi sanıyorsunuz. Bir tür idrak yaşayacağınızı sanıyorsunuz. Ama ezberle idrak olmaz! Sadece hissederek, özümseyerek idrak edebiliriz. Ve bu da yeni bir bilgi olarak özümüze eklenir. Yeni bir bilginin eklenmesiyle özbilincimiz artmış olur! Artık özünüzün seslerine daha fazla kulak verme zamanı! Yeni bilinçte, öğreneceğiniz şeyleri onları öğretmeye hakkı olan, yaşam amacı olan kişilerden öğrenin! **Çünkü yeni bilinçte bilgiyi idrak edebileceğiniz tek bir ortak alan var! Bu ortak alanda, ancak idrakleri ile Yaradan'ın özkaynağına özünün hakkı ile bağ-**

lanmış kişiler öğretme hakkına sahiptir! Özkaynağa özbilinci ile bağlı olan ve öğretme hakkına sahip olan kişiler ancak kendinde (özünde) olanı karşı tarafa yansıtarak aktarabilirler! Sadece AŞK olmuş bir bilgi karşı tarafa aktarılabilir! Yani sadece idrak edilen bilgilerin, aşkların hizmeti ile karşı tarafa aktarma HAKKINA sahip olan insanlar, hizmetini Aşk ile sunabilirler! Aşk olmadan, idrak olmadan sunulan tüm hizmetlerin ne özünüze ne de bedeninize bir faydası (şifası) vardır! Aşksız aldığınız maddesel ve manevi tüm hizmetlerin hiçbir değeri olmaz. Bu yüzden maddesel hizmetlerinizi sadece bir, iki kez kullanıp köşeye fırlatırsınız çünkü size doyum (aşk) vermez! Tabii ki bu durumda da, aşksız hizmet aldığınız zamanlarda siz de özünüzde aşklarınızla (idraklerinizle) bağlı değilsinizdir! Sadece bağımlısı olduğunuz inançsızlık bölgesinde sıkışmışsınızdır! Dolayısıyla hangi hizmet alanı olursa olsun aşk ile hizmet etmeyenler, yeni bilinçte tüm kaynaklardan ayrılıyorlar!..

Hissedilmeyen hiçbir hakikat yaşatılamaz! Ancak hissettiğinde, idrak ettiğinde yaşamında yaşatabilir ve başkalarına da yansıtabilirsin!

Siz "mış" gibi, "muş" gibi yapmaya çalıştığınızda içinizdeki eksiklik ya da temelinizdeki inançsızlık ortadan kalkmaz. İnanmadığınız şeyi özünüz tam olarak, anında bilir! Siz ne kadar inanıyormuş gibi yaparsanız yapın, hatta inanmadığınız şeyi inandığınıza kendinizi ikna etmiş gibi yapın hiç fark etmez, özünüzü asla kandıramazsınız! Her zaman en dipte olan, unutulmuş, bastırılmış her şeyi özümüz bilir. Sizi sizden çok daha iyi bilir. Ve sizin inanç sisteminize göre size yeni deneyimler yaşatır! İnanç yanılgılarınızla kafanızı çok karıştırdığınızda dış dünyanız da karışır ve dağılırsınız. Çünkü temel inanç sisteminizi bir türlü doğru kolonlarla yapılandıramıyorsunuz demektir!

Özbilincinizi kullanmazsanız, içleri boş olan kolonları yaşamınıza ve işinize monte etmiş olursunuz. Bu durumda içleri boş olan kolonlar en ufak bir sarsıntıda hemen devrilecektir. Bazı insanlar inançlı ve inançsız bölgelerine çok hızlı girip çıkarlar. Bu yapıda olan insanların yaşamları da hemen sarsılır. **Böyle insanlar, özel ilişkileri ve iş yaşamlarında sürekli olarak iniş çıkışlar yaşarlar. Yeni Bilinçte bu durumlar sandığınızdan çok hızlı gerçekleşecektir. Bu tarz insanlar içlerinde hissettikleri yaşam enerjisiyle, çevrelerindeki insanlardan ya da ailelerinden farklı bir yapıya, özbilince sahip olanlardır. Bu farklılık çeşitlilikle yaşatılmadığında, kişi ailesi ya da çevresi ile vakit geçirdiğinde ya da onların alanlarında olduğunda, onların bakış açılarına, yaşam biçimine uyum sağlama zorunluluğu hisseder. Belki de etrafındakiler, körü körüne inanıyormuş gibi yapmaya çalışanlardır! O zaman onlara uyumlanmaya çalıştığınızda inançsızlığa, körü körüne yaşayanlara, mış gibi yapanlara uyum sağlamaya çalışıyorsunuz demektir! Sizin dışınızda hiç kimse sizin ne istediğinizi, nasıl bir yaşamdan doyum alacağınızı, beş duyunuzla bu yaşamı nasıl deneyimlemek istediğinizi ve diğer insanlara hangi hizmeti sunmanız gerektiğini bilemez. Doyumlu bir yaşam için yapılması gereken tek şey, kendi özkimliğinizi ortaya koymaktır. Sizin bir insan olarak, değer olarak bir özkimliğinizin olduğunu, bir özbilince sahip olduğunuzu ortaya koymalısınız!**

Fakat insanoğlu maddi ya da manevi çıkarlarından dolayı bu alanlarda kendi kimliğini ortaya koyamaz. Ya yalnız kalacağını düşünür ya da ailesi, yakınları olmadan maddi imkânlara sahip olamayacağı endişesi yaşar, onlara bağımlı olduğu inancını sürdürür. Ki aslında bu doğrudur. Çünkü bağımlı olmuştur. Ve tüm bağımlılıklarda olduğu gibi bu bağımlılıkta da asla İNANÇ yoktur! Orada karşılıklı bir çıkar, beklenti ilişkisi vardır. Yapmacıklık vardır. Samimiyetsizlik vardır. Samimiyetin olmadığı yerde yalan vardır. Yalanın olduğu her anda insan şüpheye düşer yani inançsızlığa düşer!

İçi boş kolonlar, yani körü körüne inanıyormuş gibi davranarak kurulan yapılar, üzerine yükler bindikçe hızla çökecektir. Çünkü bu kolonların içi dolu değildir! Bu çöküşü yaşamınızda, yaptığınız işlerde, çalıştığınız işlerde, kendi şirketlerinizde, diğer insanlarla olan ilişkilerinizde kısaca her yerde yaşarsınız. İsteklerinize ulaşmadığınızda da "Neden sürekli benim başıma geliyor?" diyerek isyan eder, duygu hapislerinizi yaşarsınız. **İsteklerinizi, hayallerinizi, hedeflerinizi inşa etmek ve bu inşanın devamlılığını sağlamak için, temelinizin sağlam olması gerekiyor. Temelin sağlam olması ise inancınızın sağlam olması anlamına gelir!**

İkilemlerle temeliniz sağlam olamaz! Çünkü temelin sağlam olması için Yaradan'ın özkimliğini, adaletini ve mükemmelliğini tam olarak hissederek inanmanız gerekir. İnanıyormuş gibi yaparak kimseyi kandıramazsınız. Yaradan'ın özkaynağından koptuğunuz her an inançsızlığa düşersiniz. İnanmak için idrak etmelisiniz. Yalandan, yapmacık bir şekilde ne zıtlıkların sistemini, ne Yaradan'ın özkimliğini ne de kendi özünüzü kandırabilirsiniz! Sen inanmış gibi yaptığında ya da inandığını sandığında sistem otomatik bir şekilde zaten seni inançsızlık bölgesine atar. Bu durumda temelden sonraki katları, yaşamını, işini sağlam bir şekilde inşa edemezsin. Yeni bilinç bu gelgitleri, inançtan kopuşları, yani inançsızlıkları size hemen yansıtacaktır! Bu yüzden Yaradan'ın sistemini ve tam olarak İNANÇ kavramının ne olduğunu iyice idrak etmelisiniz.

Herkes Yaradan'ın tek sisteminde, tek bir öze, tek bir açıya, tek bir inanca dolayısıyla da tek bir GÜCE sahiptir. Birçok sen, birçok inanç, birçok hakikat varmış gibi davranarak, farklı inanç sistemlerinin olduğu yanılgısıyla, sürekli hayatında

yapmacık davranarak istediğin doyumlu yaşama asla sahip olamazsın!

Sen seninle baş başasın! Sen arzular, sen hisseder, sen inanır ve sen yaşatırsın!

İnsanları insanlardan ayıranların, bir kulu bir diğer kuldan üstün görenlerin gözlerindeki perdeler çekiliyor. İnançsızlıktan inanca geçmek için çağrılar yapılmaya çoktan başlandı. Ve seçim insanındır. Özgür iradenindir! Ayrımın olduğu yerde hiçbir hakikat olamaz. Ayrımı sadece insanoğlu yapar. Bu yüzden insan kendini ayırır, yargılar ve etrafındaki insanlar da ona kendisini yansıtır! Yaradan'ın hakikatinde asla yargı ve ayrım olamaz! Her idrakın yolu sadece tek merkeze gidebilir! Senin gönlün nereden gitmek isterse Yaradan'ın Özkimliğini orada idrak et! Senin bağlılığın nereden bağlanmak isterse Yaradan'ın Özkaynağına oradan bağlan diye sana Özgür İrade vermiştir! Çünkü hakikatle baktığında, ister bilimden bak, ister tıptan bak, ister dinden bak, ister ruhsal bak, nereden bakarsan bak sadece her yerde O'nu görebilirsin! Çünkü her yer O'nu anlatır! Kaynak TEK'tir. Ve her yol o tek kaynağa çıkar! Bilmemiz gereken tek şey bu kaynağın sisteminin yani ZITlıkların sisteminin nasıl çalıştığını idrak etmektir. O zaman hiç kimseye bağımlı olmadan, kendi kendinize yürümeyi ve koşmayı öğrenmiş olacaksınız! Böylece temeliniz sağlam bir şekilde doyumlu, heyecan dolu yaşamlarınızı, hizmetinizi kendi seçimlerinizle yaşatacaksınız!

Unutmayın! Sizin dışınızda hiç kimse içinizdeki gücü yıkamaz! Gücünüzü yıkmayın, inancınızı yıkmayın. Sizi düşlerinize taşıyacak olan temel inanç sisteminizi yıkmayın!

İnanç bir tutkal gibidir. Evrende bölünmüş ve ayrıymış gibi görünen her şeyi bir arada tutar. Onları BİR yapar! Bir ise GÜÇ yapar!

İnanç Nedir?

İnanç, Evrendeki tüm bilgileri, AŞKları yani bilinçleri tek bir ortak alanda birbirlerine bağlayan, görünen ve görünmeyen her şeyi BİR bütün yapan güç alanın bağıdır! Evrende ayrıymış gibi görünen, iki ayrı tarafmış gibi görünen tüm bütünlükleri, duyguları yani iki zıt açıları (-) (+) birbirlerine bağlayarak birarada tutan bağdır! Gücümüzü alabildiğimiz, tek özkaynak alanımızın bağıdır! Bu yüzden biz insanlar ancak ayırmadığımız, BİR ettiğimiz yani idrak ettiğimiz bir bilginin hak alanına sahibizdir! Ve özbilincinizin alanı kadar inanca bağlı olabilirsiniz! İnanç, Yaradan'ın Evrendeki ÖzKaynağını bir arada tutan tek güçtür! Bir bilinç, bir inanç alanının bağı demektir! Bu durumda özünüzdeyken, kendi özbilinciniz kadar inanabilir ve o alan kadar özünüzü inançla bağlayarak güç sahibi yapabilirsiniz! İnançla bağlanmak gücün kaynağıdır! Bu yüzden özbilincinizi kullanmadığınızda inanç bağından çıkar ve gücün kaynağından koparsınız. Çünkü sahip olduğunuz bilgilerinizden, inançlarınızdan koparsınız. İnanç, bilmekle, idrak etmekle, aşkın yolu ile hat kurar bu yüzden bilgilerin yoksa inancın da yok demektir! Bilmeden, bilinçsizce, körü körüne bir inanç alanının bağına asla sahip olamazsınız! Çünkü Evrende ve bu dünyada bilginin, AŞKın içindedir inanç! O bilgiyi idrak etmeden, o aşkı keşfetmeden öyle alelade bir inanca yani güce asla sahip olamazsınız! Yaradan'ın sisteminin adaleti işte tam olarak böyle hakkaniyetlidir! Yeni bilinçte, herkes kendi yolunda bulduğu keşiflerin idrakleri kadar bu dünyada hakkının kaynağına sahiptir!

Bilmeden inanıyormuş gibi yapmak, kendi özkimliğine ihanet etmektir. Çünkü hakkınız olan alandan çıkarak hakkınız olmayan alanda yani inançsızlıkta gezinerek kendinizi haktan mahrum edersiniz! Kendinizi ve istediğiniz yaşamı göz göre göre kendinizden esirgersiniz. Bu insan için sadece bir ahmaklık olur.

Yaradan'ın evrendeki sistemi her bir hissinizin alanını anbean bilir! Ve her anın seçimi ayrı ayrı hesaplanır ve yansıtılır! Artık kandıracak hiçbir alanın olmadığını idrak ederek BİL! Ne Yaradan'ı ne de kendini kandırmaya çalışma insan. Sadece kendi özkaynağının alanı kadar Yaradan'ın özkaynağına bağlan ve hakkını, adaletini yaşat!

Bilginin, AŞKın içindedir İnanç! O bilgiyi idrak etmeden, o aşkı keşfetmeden öyle alelade bir inanca yani güce asla sahip olamazsınız!

Çoğu zaman bilmeden, farkında bile olmadan inandığınızı sandığınız seçimlerinizin tüm eylemleri yaşamınızda inançsızlık olarak yaşandı. Yani bilinçsizce, bilmeden, körü körüne bağlıymış, inanıyormuş gibi yaparak, inançla yaptığınızı zannettiğiniz eylemlerinizin seçimlerini hep inançsızlık olarak yaşattınız! Sonra da istemediğiniz deneyimleri yaşadığınızda Yaradan'ın size bunları neden yaşattığını içten içe şüphe duyarak düşündünüz! Bu durumu özsel olarak bir türlü kabul de edemediniz! Etmeyin de zaten, çünkü her şeyi kendi kendinize seçimlerinizle, farkında bile olmadan sizler yaşattınız!

Biz insanlar ne kadar inançsızlığı seçerek Yaradan'ın özkaynağından, evreninden, zamanından yani inanç bölgesinden kopsak da O bize hep bir şans daha vermiştir! Bizi olmayan yere, yoksunluk bölgesine geçtik diye orada bırakıp terk etmemiştir! Kendi özkimliğimizi bulana kadar bir şans, hep bir şans ve milyonlarca şans vererek bize hep el uzatmıştır!

Bundan önceki zamanlarda ne kadar inanıyormuş gibi yaptıysanız o kadar çok uzaklaşmış oldunuz kendi özünüzden. Özünüze dönmeyi seçiyorsanız, bir an önce kendi merkezinize ulaşmak için yola koyulmalısınız! Çünkü özünüzde olmadığınızda, inançsızlık bölgesinde olduğunuzda, sistem istemediğiniz deneyimleri size çok daha hızlı yaşatırken bedeniniz de çok daha hızlı yıpranmaya başlayacak. Bu yüzden hakikate uyanmalısın...

İçinde bulunduğunuz bu dönemi yani öze dönüş yolunu, ancak inanç alanında kalarak daha güçlü adımlarla geçebilirsiniz! Birlikte ve inançla... Yeni bilinç, senin inançsızlık bölgesindeki hapsinden çıkıp inanç bölgesine geçmeni istiyor! Çünkü Yaradan'ın Sistemi, biz insanların değerli ve kıymetli olduğu alanda olması için hızla titreşmekte yani çalışmakta! Bu yüzden ceza sandığımız her şey ya da inançsızlığı seçip istemediğimiz olayları yaşatmamızın sebebi inancın gücünü keşfetmek için. İçimizdeki sınırsız gücün kaynağını keşfetmek için. Yaradan'ın ne kadar adaletli olduğunu tam olarak idrak etmemiz için. Bu sistemi tam olarak idrak ettiğiniz zaman O'nu her yerde görmeye yani hissetmeye başlayacaksınız. Ve hakiki AŞK'ın GÜCÜ kapınızı çalacak! Şükür...

Sizce, her sabah güneş doğmadan önce ötmeye başlayan kuşlar, tüm doğa, güneş sistemi, kaşık, bardak, bilgisayar, masa, arabalar kendi özünde midir? Evet! Hepsi kendi özünde ve kendini yaşamaktadır. Çünkü onlar hiçbir zaman etraftaki başka şeylere bakıp onlar gibi olmaya çalışmazlar! Ya da o zaman dilimindeki baskıya ya da hava durumuna göre "şimdi kış geldi ben en iyisi mi karınca olmaktan vazgeçeyim kutup ayısı olayım" demezler. Kendi içgüdüsellikleriyle, ritmik döngüleriyle her an kendilerini yaşarlar. Sabit kalmazlar, her an görevlerini yaparlar ve sisteme katkıda bulunurlar. Kuşlar her gün güneş doğmadan önce ötmeye başlar ve özgürce uçmaya devam eder. Özgürce ve özgünce, utanmadan, sıkılmadan kendi benliklerini yaşarlar. Ve bu yüzden hepsi bizim için özeldir. Çünkü yaşamakta olduğu benliği kendi öz benliğidir. O ya da bu olmaya çalışmazlar, öyleymiş gibi böyleymiş gibi olmaya çalışmazlar. Maddeler, doğa, tüm hayvanlar kendilerini ifade ederler ve kendi doğalarını yaşarlar.

Peki, neden bitkiler, hayvanlar başka bir şey olmaya çalışmıyor da biz insanlar sürekli başka kişiler, başka şekiller olmaya çalışıyoruz? Bu, özgür irademizin seçim hakkından kaynaklanıyor! İstediğimiz yönü her zaman biz insanların seçiyor olmasından kaynaklanıyor. Doğada bulunan her şeyin ve hayvanların özü vardır. Fakat biz insanların özbilinci vardır! Bu, biz insanlara verilen haktır. HAK, özbilincimizi doldurmak ve yaşatmaktır. Bu hak bize istediklerimizi yaşatabilme, kendimizi geliştirebilme şansı vermiştir. Özümüzde olmayarak, başkaları gibi olmaya çalışarak, sahip olduğumuz hakkın tutsaklığını, yoksunluğunu yaşatırız kendimize. Olmadığınız özkimlikte olmaya çalıştıkça, hayvanlardan, bitkilerden bile çok daha altta, doyumsuzlukla, yoksunlukla, sağlıksız kalırız.

Çok basit bir şekilde düşünecek olursak kendimize şu soruyu sormalıyız: Biz bilgilerimize onları yaşatmamak için mi sahip olduk? Hayır! Bilgilerimizi yaşatmak, kullanmak için sahip olduk. Ya da neden başka kişiler olmaya çalışarak, kendi özkimliğimizi kenara atıp, en kıymetli varlığımızdan, özümüzden saklanarak, gizlenerek, kimliğimizi, hislerimizi insanlara yansıtmaktan, yaşamaktan utanıyoruz? Soruları bu şekilde sorunca aslında fark ediyoruz ki, ne kadar da yanlış yerlerde gezinmişiz. Doyumsuz, aç, sürekli eskiyen bir halde yani inançsızca, inancın bile ne olduğunu bilmez bir halde yaşamaya çalışmışız.

Yaşama inançla doğarız! Şüphe ve endişe duyarak, özümüzü yaşatmadığımız her AN, hayatlarımızda inançsızlığı yaşatırız. Şüphenin, endişenin, kıskançlığın olduğu yerde şükür de olmaz, bu yüzden inanç da olamaz.

Seçimlerimize göre her an inançla olan bağınızı kesersiniz! Bu yüzden inanç hayatınızda yanınıza bir kez alabildiğiniz bir eşya değildir. O senin bulunduğun alana göre ya seninledir ya da sensizdir! İnanç, özgür iradenle her an onunla olup olmamayı seçebildiğin bir haktır! Tüm seçimlerinin açısına göre sen ya inançla bağlı olursun ya da olmazsın! Yani özünde olup olmama durumuna göre sürekli içinde değişen bir şeydir. Bu yüzden yaşamındaki dengeni seçimlerine göre koruyabilirsin. Her zaman iki seçim vardır. Ya inançla bağlı olmayı seçersin ya da inançsızlıkta bağlı olmamayı seçersin!

İnanç, güçlü olmak isteyen her insanın her anında bağlı olması gereken tek kaynaktır! Şüphesiz bu kaynak Yaradan'ın özkaynağıdır!

Yeni bilinçte artık bilmeliyiz ki Yaradan kendi kimliğinde olan iki parçayı, korku ve sevgiyi, iki zıt duyguyu BİR edebilmek, aşk edebilmek için bizlere hediye etmiştir. Özümüzde olduğumuz zamanlarda ne korkumuzu ne de sevgimizi hapsederiz! Böylece her ikisi ritmik bir titreşim içinde, özümüzde ve bedenimizde AŞK'ın inancı ile titreşirler! Bu sayede hem özbilincimiz hem de bedenimiz canlı ve yeni kalacaktır! Yaşamlarımız heyecan dolu olur ve arzuladığımız her şeye ulaşabiliriz. Almak ve vermek dengesi hep bizimle olur. Bu denge ile insan ne isterse bu dünyada o yaşanır!

İnanç gücün bağıdır! İnançla bağlı olduğunuz her an özkaynaktan güç alırsınız! Güçlü olmak, sana her zaman cesaret verir! Böylece evrenin en güçlü dönüştürücüsü olan korkunu cesaretle dönüştürürken heyecanlanırsın. Tıpkı korkunun sevgiyle kavuşacağı anda hissettiği gibi heyecanlanırsın! Böylece yeni bir AŞK'a şahitlik ederek ona sahip olursun! Yani yeni bir bilince sahip olursun!

İnançsızlık güçsüzlük demektir! Güçsüz olmak, sana asla cesaret vermez! Böylece evrenin en güçlü dönüştürücüsü olan korkunu hapsederek şüpheye düşersin ve sevgisiyle kavuşmasını engellemiş olursun. Bu da seni sadece yıpratır ve eskitir. Çünkü özünü ve bedenini yeni bir bilincin heyecanından, AŞK'ından mahrum bırakmış olursun!

Heyecanlanmak içimizdeki tüm bilinçleri hareket ettirir. Yani titretir! Tüm titreşimler yaşamı var eder ve canlı tutar! Sen de heyecanlandığında kendi yaşamını var eder ve canlı tutarsın!

Özünde olan bir insan, yaşadığı her deneyimin kendi seçiminin yansıması olduğunu idrak etmiştir. Bu yüzden başka insanlardan beklenti içinde kalarak, sistemden ve kendinden şüphe etmez! Hakkı olanın zaten bir vesile ile geleceğini bilir!

İnanç alanının dışına çıkarak, özkimliğimizin dışına çıkmış oluruz. Çıktığımız bu yerde hiçbir bağımız, değerimiz ve bizi farklı kılan hiçbir özelliğimiz yoktur! Çünkü Yaradan'ın özkaynağından ve kendi özbilincinizden kopmuşsunuzdur. Bu sizi sıradan, değersiz ve özelliksiz biri yapar. Bu yüzden de insanlar size sıradanmışsınız gibi, değersizmişsiniz gibi davranır! Bunu sen kendi seçiminle yapmış olursun. Yapmış olduğun seçim, inançla olan bağından, alanından koparak inançsızlığa geçmek olmuştur. İnançsızlık bölgesinde zıtlıkla titreşen hiçbir şey yoktur. Yani orada insan için bir kaynak yoktur! Orası insan için yoksunluk bölgesidir. Yoksunluk bölgesinde sadece yoksulluk ve duygu hapsi vardır. Her zaman iki seçeneğiniz var! Ya inancı seçersiniz ya da inançsızlığı. Ya değerli olmayı seçersiniz ya da değersiz olmayı!

İstemediğiniz işi yapmak, istemediğiniz kıyafetleri giymek, istemediğiniz kişilerle birlikte olmak, istemediğiniz ilişkiyi yaşamak, istemediğiniz bedene sahip olmak (kilo ve sağlık açısından), özünüzün farkını, özel olduğunuzu ve istediğiniz deneyimleri yaşatacak olayları size ulaştırmaz. Çünkü isteksizliğin olduğu yerde İNANÇ yoktur!

Ne olmak istediğine, hangi tercihlerle yaşamını şekillendireceğine sadece sen karar verirsin. Bu bizi evrende var olan her şeyden ayırır ve üstün kılarak insan olma yüceliğine taşır. **Biz insanlara özgür irademiz sayesinde bir gün hak ettiğimizde, her şeyden özgürleşerek kendi sınırsız kaynağımıza sahip olma hakkı verilmiştir!**

Ne olmak istediğini bilmek, inançla tek bir hatta ilerlemektir. Tercih her zaman sizdedir. Sistem mükemmel çalışır! Sen hangi tercihte bulunursan bulun, seçimin ister inançsızlık ister inanç olsun sistem her zaman seçimine saygı duyar ve sana seçimini yaşama hakkı verir! Başkalarının rollerine bürünmeden, kendi özünüzde olmak, şüphe duymadan kendinizi yaşatmak size tüm sınırsızlığın gücünü verecektir!

Özünde değilsen, bilgilerine sahip değilsin demektir.
Böylece bilgisiz bir sen, kendi farkını yaşatamadığı için
kendini özel hissetmez. Ve hep etrafındaki kişileri yargılar.
Çünkü sen neysen onu yansıtarak görür ve yaşatırsın!
Yargıladığın her anda inançsızsındır!

Bu dünyada sahip olduğunuzu sandığınız tüm maddi imkânlarınızı kullanmadığınızda ya da sahip olduğunuz manevi (özbilinç) kaynaklarınızı kullanarak yaşatmadığınızda sorumlulukları yani tüm hakları yeni bilinçte bir bir, tek tek, an an hesaplanıp sorgulanacaktır! Yani onları esir edip kullanmadığınızda, hiçe

sayarak görmezden geldiğinizde, paylaşmadığınızda ya da hizmet etmeyerek hapsettiğinizde, Özünüz aracılığıyla sorgusu hemen yapılıp üç boyutlu yaşamınıza hemen yansıyacaktır! Bu durumda kendi kendinizi Yaradan'ın Özkaynağından, tüm haklarınızdan mahrum bırakarak, bir işe yaramayan, hiçe sayılarak görmezden gelinen biri olarak bu dünyaya esir etmiş olacaksınız! Unutmayın; etrafınızda gördüğünüz ve göremediğiniz her şey Yaradan'ın Özkimliğinin parçalarının yansımalarıdır! Yani madde olarak nitelendirdiğimiz her şey de Yaradan'ın yansımalarıdır! Bu yüzden alıp da kullanmayarak bir köşeye esir ettiğiniz bir ojenin, bir çorabın, bir sehpanın, çürüttüğünüz yiyeceklerin, bir arabanın, bir evin, toprak parçasının bile üzerinizde hakkı vardır. Yani doğanın bütün kaynakları tüm insanlığa Hediyedir, tüm insanlığın hakkıdır. Bu kaynakları hapsederek paylaşmayan ya da aşk ile Hizmet etmeyerek esir edenler artık bilsinler ki Tek ve Bir olan Yaradan'ın parçalarını hiç kimse esir edemez, edemeyecek! Çünkü artık Yaradan'ın özkimliğini hiçe saymaya çalışanların devri bitti! Yaradan'ın özkimliğini görmezden gelme bilinçsizliği çoktan bitti! Yeni bilinç, hakiki bilincin gücü çoktan başladı! Bu yüzden Hakikate Uyanma zamanı başladı!.. Şükürler olsun ki, Yaradan hakikatimize uyanmamızı ve O'nun özkimliğini ve adaletini her yerde, her an hissederek yaşatmamızı istiyor!

Yaradan'ın özkimliği TEKliktir. Bu teklik evrende ikiye bölünerek ZITlıkları oluşturmuştur. Ve bu zıtlıklar iç içe geçmiş bütünlüklerdir. TEK olan hakikatin kaynağını yarım görmeye çalışırsanız, yani ZIT olan kutupların sadece yarısını kabul ederseniz, Yaradan'ın özkimliğini de yarım görmüş olursunuz. Böylece teklik hali olan iç içe geçmiş bütünlüklerin hakikatini ayırarak sahip olduğunuz tek gücünüzü yok etmiş olursunuz!

Güç Nedir?

Güç, bu dünyada sahip olduğumuz tek gerçekliğimiz olan bilgilerimizi dengede tutarak kullanabilmektir. Dengede tuttuğunuz bağlılık ise inançtır! Ve inançta olduğumuz zaman gücümüzü kullanabiliriz.

Denge, almak ve vermek ile sağlanır. Almak eksiyi (-) vermek artıyı (+) temsil eder. Almak ve vermek dengesini sağladığımızda kendi dengemizi bulur ve gücümüze sahip oluruz. Çünkü özbilincimizin hakiki titreşimini yaşatmış oluruz!

Ne olduğunuzu bilmek, özbilincinizi bilmek bu bilgilerinizi kullanma hakkını size verir. Bilgilerinizi yaşatma gücü hakkınız olandır. Herkes kendi gücünün hakkına sahiptir. Yani sadece özbilincinin bilgilerini yaşatma HAKkına sahiptir. Bir başkasının özgür iradesiyle seçme hakkını elinden alma hakkına sahip değiliz. Ve bir başkasının bilinçli ya da bilinçsiz olarak karar verdiği seçimlerinin doğru ya da yanlış olduğunu yargılamak hakkına da asla sahip değiliz! Sahip olduğumuz tek hak, özümüzün bilgilerini kullanma hakkıdır. Ve bu hakkı kullandığımız zaman, kendi GÜCümüzü yaşatmış oluruz.

Hepimiz güçlenmek, güçlü olmak isteriz. Bunda yanlış bir şey yoktur. İdrak etmemiz gereken şey gücü algılama şeklimizdir! Artık hakikatin kimliğini hissetme ve yaşatma zamanıdır. Bu yüzden artık hakkın gücü ortak alanda her birimizin arasındadır! Şükürler olsun, artık adalet ortak alanımızdadır! Bu yüzden güç sadece İNANÇla bağlı olduğumuz ortak alanımızdadır!

Yaradan'ın özkimliği TEK'liktir. Bu teklik Evrende ikiye bölünerek ZITlıkları oluşturmuştur. Ve bu zıtlıklar iç içe geçmiş bütünlüklerdir! TEK olan hakikatin kaynağını yarım görmeye çalışırsanız, yani ZIT olan kutupların sadece yarısını kabul ederseniz, Yaradan'ın özkimliğini de yarım görmüş olursunuz! Böylece Teklik hali olan iç içe geçmiş bütünlüklerin hakikatini ayırmış olursunuz. Bu ayırma sonucunda zıtlıkların sistemi de tam olarak sizi gücünüzden ayıracaktır! Dengeyi kuramazsanız yaşamınızdaki her şey dengesiz, bütünlüksüz ve güçsüz kalacaktır.

Sahiplik hak ettiğini hissederek yaşatmaktır!

Haksızlık yapan bir insan yaşamdan, adaletten kendini yoksun kıldığı için, hakka güvenmediği için, Yaradan'ın mükemmel sistemine inanmadığı ve bu sistemi bilmediği için, yaşamda aç kalacağını, doyumsuz kalacağını, yoksul kalacağını düşünerek bu duygularının hapsini kendine yaşatır! Dolayısıyla istediklerini elde edemez. Unutmayın, sadece hak ettiğiniz bilgilerinizi kullanarak inanç alanında bulunabilirsiniz! Sizi sınırlayan, yoksunluğa iten şey, özünüzün bilgileri yokmuş gibi davranarak, var olan tek gücünüzü yok sayarak onu kullanmamaktır. Yokluğun, yoksunluğun olduğu tek yer, duygularının, hislerinin, bilgilerinin olmadığı yerdir. Orası duygu hapsinin olduğu inançsızlık bölgesidir!

Ne yaparsak yapalım sadece kendimize yaparız. Birini ayırmak, yargılamak, yalan söylemek, başkalarını küçümsemek... Bütün bunları yaptığında bütün bu eylemlerin karşılığını kendi yaşamında yaşatmış olursun!

Senin olanı, senin dışında hiç kimse, hiçbir güç alamaz!
Özbilincinizi kullanmamak, kendi hakkınız olanı
kendinizden ayırmaktır. Kendi gücünüzü kendinizden
uzaklaştırmaktır!

Atomlarımızın dünyası, hücrelerimizin dünyası, insanların dünyası, evrenlerin dünyası... Hepsinin özünde tek bir Kaynak, tek bir GÜÇ vardır! Bu yüzden tek bir sistem vardır. O da Yaradan'ın evrendeki ZITlıkların sistemidir.

Evrende, Dünyamızda İşleyen Tek Bir Gücün Sistemi Vardır! Sistemin Özü TEK BİR Yasaya Bağlıdır. Bu Yasa, Yaradan'ın Sistemi olan ZITlıkların Sistemidir!

Yaradan'ın tek olan sistemi evrenimizde, dünyamızda dolayısıyla biz insanlarda aynı şekilde çalışmaktadır. Bu sistem tek bir özkaynak ile hepimizin bir arada olduğu ortak alanda çalışmaktadır. Fakat insanlar bu sistemin nasıl çalıştığını tam olarak bilmedikleri için yaşamlarını, işlerini inşa ederken bir yerler hep yarım ve eksik kalarak yıkılıyor. Çünkü O'nun sisteminin içindeki tamlığın iki (eksi (-) ve artı (+)) açısı olduğunu unutarak, sürekli olarak yarım (+) olan parçasıyla yaşamlarımızı inşa etmeye çalışıyoruz. Oysa hakikat iç içe geçmiş benliğin, iki zıt açının birbirleriyle olan tamlığıdır! Önceki sayfalarda bu konunun en öz halinden bahsetmiştim. Şimdi bu bölümde artık bu iki duygunun, karşıt zıt açıların nasıl bir arada iç içe olduğunu, bunların tam olarak nasıl çalıştığını adım adım anlatacağım.

Kuantum alan sadece atom ve atom altı parçacıklarda değil, dokunduğumuz, hissettiğimiz, gördüğümüz ve görmediğimiz her yerde aynı şekilde işliyor! Peki buna bağlı olarak ZITlıkların Sistemi ile bu dünyada yaşamımızı, işimizi ve kendi özbilincimizi nasıl genişleterek ilerleteceğiz yani yenileneceğiz?

Henüz 14-15 yaşlarındayken zıtlıkların sisteminin nasıl çalıştığını ufak ufak fark etmeye başlamıştım. Yaşamda bir döngü vardı. Her şey bir döngü ile yaşamın her alanında tekrarlanıyordu. Sürekli tekrar eden farklı döngüler... İdraklerimiz, yaşamımızın içindeki her şey o döngü ile yaşanıyordu. Yani mana kazanıyordu. Öte yandan bu tekrarlar aynı tekrarlar da olmuyordu! Çünkü açılar değişiyordu, dolayısıyla da yönler. Fakat bir şekilde her şey aynı döngüye geri gidiyordu. B noktası, A noktası ve sonra yine B noktasına geri dönüyorduk. Ama hiçbir B noktası aynı B noktası olmuyordu. Ya da A noktası aynı A noktası olmuyordu! Evet, evrenlerde, dünyamızda ve biz insanlarda da döngüler tam olarak böyle gerçekleşiyordu!

Evren sürekli aynı tekrarları başka yerlerde, farklı açılarda gerçekleştiriyordu! İşte en önemli kısım buydu... Farklı yerler ve farklı açılar olunca her şey tam olarak değişiyordu! Farklı yerlerin alanları ve açılar olunca, araya farklı hisler yani bilinçler giriyordu! Dolayısıyla çeşitlilik oluşuyordu! Evet, farklılık açılarla oluşuyordu! Biz insanların spiral bir döngü-ritim içinde özbilinç seviyelerimizin, çeşitliliğimizin hizası ve açıları vardır! Ve tam olarak spiral bir döngü içinde biz insanların idrak etmesi gereken bilgilerin de ritmik bir sırası ve açısı vardır! Bu bilgilerin de her birimize göre farklı hizalanan bir sırası ve ritmik birer döngüleri vardır! Kısaca evrende yani içimizde olan her şey hep aynı döngülerden oluşan fakat farklı açılarda tekrarlanan döngülerdir! Bu tekrarlar ve bütün farklı açıların alanları kâinattaki tüm çeşitlilikleri oluşturmaktadır! Kelimelerin, anlamların ve duyguların bile kifayetsiz kaldığı inanılmaz bir SİSTEM...

Farklı açılarda yaşanan, farklı ritimler... Fakat hep aynı döngüler, var olan her şeyin çeşitliliğini, zenginliğini oluşturur!

ZITlıkların sistemini tanımlamak için ilk olarak iç içe geçmiş iki parçanın "birlikte ve bütün" olduğunu söylemeliyim. Bu iç içe geçmiş iki ZIT parçanın, bütünlüğünün en öz hali ise korku, eksi (-) ve sevgi, artı (+)'dır. Kâinatta gördüğünüz ve görmediğiniz her şey duygulardan meydana gelmiştir! Ve her iki duygu, iki zıt açısıyla birbirlerine eştir. Eşi olmayan bir parçanın yani karşı, zıt açısı olmayan bir parçanın, evrende var olması imkânsızdır! Bu, fizik kurallarına ve kuantum mekaniğine de aykırıdır. Yaşamımızda gördüğümüz ve görmediğimiz her şeyin bir zıt açısı ve bu zıt açıların da iç içe geçmiş bütünlükleri vardır! Yani hem görmediğimiz enerjilerin, hem de gördüğümüz enerjilerin iç içe geçmiş birer eşleri yani karşıt açıları vardır! Evrendeki her şey ve dolayısıyla insanlar zıtlıklardan meydana gelmiştir. Eğer bu ZITlıklar olmasaydı dönüşüm gerçekleşmezdi, dönüşüm gerçekleşmeyince de değişim olmazdı. Sonuç olarak evrende hiçbir şey var olmazdı. Dolayısıyla insanlar da olmazdı!

Yaşamı canlı kılan şey, iki ZIT açının birbirini çekerek birleşmesi, bir olması, bir bilinç (aşk) olması ve bir olduğundaysa yeni bir "özhazne" oluşturmasıdır! Bu yeni birleşimin birliği, yeni bir his, bilinç potansiyelini oluşturur! Böylece sürekli olarak önce genişleriz, sonra da ilerleriz! İşte Yaradan'ın sistemi yaşamı HİÇlikten, iç içe geçmiş benlikleri zıt eşleriyle yaratarak hissedilebilir, çoğalabilir kılmıştır! Her şey birleşerek çoğalır! Eksi (-) ve artı (+) evrende sürekli birleşir ve yeni bir özhazne oluşturarak çoğalırlar! Tıpkı kadın ve erkeğin birleşerek çoğalması gibi, ya da özümüze eklediğimiz yeni bir aşkın, bilincin ardından oluşan özhazne gibi... Bu tekrar eden döngüler evrende her an gerçekleşmektedir. Bu birleşimlerin ardından yaşanan çoğalmalar ve tekrarlamalarla uzay genişlemiştir!

Burada bilim insanlarının kapıldığı bir yanılgı var; bunun nedeni ise zamanın bilinçlere göre işleyişi ve bu yüzden de bu tekrarlanan döngülerin zamansal akışının farklı olmasıdır. En küçük yapı birimi olan atomlardan dünyada yaşayan canlılara ya da kâinatın bir diğer ucundaki yaşanan gökcisimlerine kadar olayların zamansal akışları farklıdır! Çünkü zaman kavramı atomlara, insanlara, gezegenlere yani bilinçlere göre değişen bir şeydir! Tekrar eden bu döngüler evrenin her alanında aynı ritmik döngü ile yaşanır. Fakat zaman ve açı kavramları farklıdır. Bu yüzden zaman görecelidir!

ZITlıkların evreninde her şey karşıtını besler. Karanlık aydınlığı besler, aydınlık da karanlığı! Korku sevgiyi besler, sevgi de korkuyu! Negatif pozitifi besler, pozitif de negatifi. Yani her şey birbirinden farklı olan karşıt zıt açılarını besler! Farklılıklar evrenin her yerini besler. Böylece evrende yaşam bu şekilde yaşanır.

Fakat bu birleşimlerin gerçekleşmesi için büyük BİR bütünün içinde yer alan eksi (-)

ve artı (+)'nın önce ayrılması gerekiyordu! Evet, büyük bir ayrılma gerçekleşti... Bu ayrılmada "BÜYÜK PATLAMA" olarak bildiğimiz olay gerçekleşmiştir! Parçaların ayrılarak tekrar birleşmeleri için "Büyük Patlama'da her şeyin etrafa saçılması (alan oluşturması) ve dağılarak ayrılması gerekiyordu." Tabii ki buradaki ayrılma sadece bir illüzyondur! Çünkü onlar (-) ve (+) asla ayrılmazlar! İşte bu yüzden uzaydaki her şey "ortak sicim alanında birbirine bağlıdır!" Tüm parçalar BİR'dir fakat ayrıymış gibi görünür!

Bu patlama, uzayın her bir alanına atılan tohum olmuştur! Düşünsenize... Katrilyonlarca farklı açılar ve sürekli tekrarlanan döngüler! İç içe geçip bağlanarak zıtlıkların yaşamını oluşturarak, çeşitliliğin yani zenginliğin oluşmasını sağlayan bu tohumlar, uzayın her tarafına patlama ile dağılmıştır! Ve uzaya atılan bu tohumların çeşitliliği dünyamıza yansıyarak şekil almıştır!

Bilinç dediğimiz şey, tam olarak aşkın kendisidir. TAMlık O'nun olan her şeye âşık olmaktır. Hiçbir şeyi ayırmadan O'nun her bir parçasının bütünlüğünü hissederek kabul etmektir!

Zamanın ANları

A Noktası

A Noktası

A Noktası

A Noktası

B Noktası

B Noktası

B Noktası

A Noktası
Değişim
iç içe geçmiş
Sevgi, Artı (+)

A Noktası,
Elle tuttuğunuz, gözle gördüğünüz her şey. Evrende ve Dünyada gördüğünüz tüm maddeler. Tüm doğa.

B Noktası
Dönüşüm
iç içe geçmiş
Korku, Eksi (-)

B Noktası,
Elle tutamadığımız ve gözle göremediğimiz, BOŞLUK olarak nitelendirilen ve bilimsel olarak "boşluk olan her yerde olasılık ve bilgi potansiyellerinin ortada sergilendiği" ispatlanan alan.

Evrende her an katrilyonlardan çok daha fazla Dönüşüm ve Değişim birleşerek titremektedir! B Noktası ANlardaki dönüşümleri, A Noktası ise değişimleri ifade eder. Her an dönüşüm potansiyelleriyle sarılıdır! Dönüşüm potansiyelleri de değişimi sağlar ve dünyada hissedilir! Her gün ise dönüşümlerin yaşandığı yeni bir keşif alanıdır. Bu dönüşümler olasılıkları dönüştürerek değişimi sağlar. Yani hareketlerimizi ve beş duyumuzla sağladığımız bütün eylemlerimizi gerçekleştirir! Her gün içinde yeni bir bilincin, idrakin olasılığı vardır! Bilinç (aşk) Özün besinidir. Özünüz beslendiğinde istediğiniz deneyimin olasılığı yaşanır!

Evrende bu iki zıt açı, örnekteki A ve B noktaları gibi zikzaklar çizerek önce B noktası ile genişlemeyi sağlar, sonra da A noktası ile ilerler! Önce dönüşüm gerçekleşir, çünkü önce alanın oluşması gerekir! Tıpkı ilk olarak korkunun Hiçlik haznesini kapladığı gibi, dönüşümü gerçekleştiren duygu korku duygusudur! İlk olarak Korku alanı kaplar yani alanı dönüştürür. Sonra da alana giren Sevgi ile alanda değişim sağlanır!

Burada en önemli kısım şudur: "Büyük Patlama" sonrasında her korku, eksi (-) ve sevgi, artı (+) parçası iç içe geçerek kendi bütünlüklerini oluşturmuştur. Yani korku artık içindeki sevgi ile BİR olmuş ve yeni bir bütünlükle evrende ve dünyada yer almıştır. Aynı şekilde sevgi de korku ile iç içe geçerek yeni bir kimlik oluşturmuştur. Sevginin bu dünyadaki özkimliği maddedir. Yani bu dünyada madde, artıyı (+) temsil eder fakat iç içe geçmiş zıtlıklardan oluşmuştur. Dolayısıyla bedeniniz de içine girmektedir. Maddedeki bu zıtlık ise elektron (-) ve proton (+)'dur! Fakat maddenin şekillenmesine olanak sağlayan şey, yakın geçmişe dek evrendeki boşluk olduğu sanılan ve artık bilim insanlarının boşluk olmadığını keşfettiği "Kara Maddedir!" Evet yanlış okumadınız, evrende Maddenin şekillenmesine olanak sağlayan Kara Maddedir! Diğer haliyle, bu dünyada "boşluk olarak nitelendirdiğimiz her yerde bilgi potansiyellerinin olması" durumu da en özde korkunun (-) iç içe geçmiş kimliğini temsil eder! Ve Kara Maddenin özkimliği, korkunun iç içe geçmiş bütünlük hallerinden biridir! Bu yüzden korku da, Kara Madde de ALAN oluşturur!

Biz insanların da özü, özbilinci bu dünyada eksiyi (-) temsil eder! Fakat eksi ve artı olarak iç içe geçmiş bir AŞK bütünlüğüdür! Bu dünyada ise maddeleri şekillendiren bilinçlerdir! Peki, özbilincimizi görebiliyor muyuz? Hayır göremiyoruz. Peki boşluk olarak gördüğümüz her yerde ne vardı? Olasılık potansiyelleri vardı ve bu potansiyeller her yere dağılmıştır. Peki bu potansiyeller nedir? Bu potansiyeller, bilinç potansiyelleridir. Yani bilgilerin potansiyelidir. Bu bilgi potansiyelleri insanların özbilinçlerine göre etraflarındadır! Ve özbilincinize göre yaşamınızda şekillenirler! Bu durumda sistem şu şekilde çalışır: Artık bildiğiniz gibi her şey karşıt zıt açısını besler. Bu dünyada görünmeyen enerjiler yani özümüzdeki bilinçler, boşluk olarak tanımladığımız alan ve kara madde görünenleri besler ve yansıtır! Yani şekillendirir. Görebildiğimiz tüm doğa, göremediğimiz olasılık ve bilgi potansiyellerini besler. İlham alırız! Bu durumda özbilincinizi kullanıp kullanmamanız, etrafınızda oluşacak olan maddelere ve insanlara (beden de madde olduğu için) yansıyarak şekillenir!

Biz insanlar göremediğimiz özbilincimizi kullanarak, görmek istediğimiz maddi ve manevi zenginliklere bu dünyada ulaşabiliriz! Görünmeyenler her zaman görünenleri besler. Bu yüzden özünüzün doyumu bedeninize şifa ve canlılık verir.

Sonuç olarak görünmeyen B noktası, görünen A noktasını içine alır! Bu yüzden önce dönüşüm gerçekleşir. Sonra da değişim yansıtılır yani hissedilir!

Almak ve Vermek dengesi yaşamımızın her ANında atomlarımızda, hücrelerimizde, bedenimizde ve özümüzde olan her şeyin titreşimini sağlar. İnançta isek içgüdüsel olarak hem özbilincimiz hem de bedenimiz kendi ritminde titremeye başlar!

İnsan kendi özbilincini kullanmıyorsa, bu potansiyeller istemediği deneyimlerin potansiyellerini şekillendirir. Bir sonraki adım ise kendi potansiyelimizi kullanıp kullanmadığımızdır! Bu durumda en önemli idrak şu olmalı: potansiyelimizi oluşturan "İNANÇ" sistemimize, yani seçim hakkımıza göre deneyimler yaşamımızda şekillenirler! Bu deneyimler sadece nesnel olarak etrafımızda değildir, potansiyelimize göre etrafımızdaki insanlar da bizim özbilincimize ve bu özbilincimizi kullanmayı seçip seçmediğimize göre şekillenirler.

Bu dünyadaki dönüşümlerimiz de, değişimlerimiz de iç içe geçmiş bütünlüktür! Fakat bu dünyada "dönüşümü" yansıtan kimlik eksiyi (-) temsil eder. Tıpkı kadınların da bu dünyada eksiyi (-) temsil ettikleri gibi. Dünyada da insan olarak kadın ve erkek şeklinde iki zıt kimliğe ayrılmışız. Kadın eksiyi (-) temsil eder, erkekse artıyı (+). Ama kadının içinde de iç içe geçmiş eksi (-) ve artı (+) yani korku ve sevgi bütünlükleri vardır. Sadece ana kimliğinde eşleşme sağlanması için ayrılmıştır! Her şey evrende iki zıt kimliğe ayrılmıştır. Fakat kendi içinde, özünde ve bedeninde de iç içe geçmiş bir zıt açısı vardır. Erkek artı (+) olarak sevgiyi temsil eder ama kendi özünde ve bedeninde korku (-) ve sevgi (+) kimlikleri iç içe geçmiştir. Örneğin bedenimizdeki eksi ve artı kimlikler iç içe geçmiş elektron ve protondur! Onlar bir bütündür. İşte boşluk sandığımız her yerde de henüz bilim insanlarının tam olarak ortaya koyamadığı ve biz insanların da görme potansiyellerinin ötesinde olan bir atom şekli vardır. Yani bir bütünün iki parçası vardır. Ve henüz bilinmesede, Kara Madde de iç içe geçmiş bir bütünlüktür. Yani iki zıt açısı olan bütünlüğe sahiptir. Dolayısıyla eşi de vardır! Unutmayın eksi (-) kimliği ana dönüştürücüdür. Ve dönüşüm olmazsa asla yenilik ve değişim gerçekleşmez! Yani bu dünyada ulaşmak istediğiniz deneyimlerin yeniliğine, şekillenmesine, yansımasına ulaşamazsınız! Bu yüzden kadının dönüştürücü kimliği oldukça önemlidir. Ya da erkek olarak içinizdeki kadın (-) kimliğini çalıştırmanız yeni bilinç için oldukça önemlidir! İçinizdeki özbilinç ile en büyük dönüştürücüyü kullanmanız çok önemlidir. Ve kadın kimliği, cesaretin, inancın ilk adımıdır! Yani yeni keşiflere, idraklara ve zenginliklere giden yolun ilk adımıdır! İstediğiniz

Dönüşüm ve Değişimin BiRleşirse yenilenme sağlanır! Bilinç artar! Zamanın ANları

A Noktası

B Noktası

A Noktası

B Noktası

A Noktası

B Noktası

A Noktası
Değişim
Madde (yansıyan)
iç içe geçmiş Artı (+)

A Noktası,
Beş duyumuzla hissettiğimiz.
Evrende ve Dünyada gördüğümüz tüm maddeler.

B Noktası
Dönüşüm
Boşluk sanılan ALAN
KaraMadde
iç içe geçmiş Eksi (-)

B Noktası,
Boşluk olan her yerde olasılık ve bilgi potansiyellerinin ortada sergilendiği alan!

B Noktası, Dönüşüm. Olmasını istediğin ve istemediğin tüm olasılık potansiyellerinin boşluk alanında ortada sergilendiği alan! Maddi olanaklara ulaşabilme ya da ulaşamama olasılık potansiyellerinin tamamının ortada sergilendiği alan! Yeni bir Bilincine (aşkına) sahip olacağın ya da olamayacağın bilgi potansiyellerinin tamamının ortada sergilendiği alan!
A Noktası, Değişim. Olmasını istediğin ve istemediğin tüm deneyimlerin yansıtılarak yaşandığı yer! Maddi olanaklara ulaşabilme ya da ulaşamama deneyiminin yansıyarak yaşandığı yer! Yeni bir Bilincine (aşkına) sahip olduğun ya da olamadığın yer!

tüm deneyimleri yaşayabilmek için cesaretle atılan ilk adımdır. Çünkü ALAN oluşturur! Alan olmasa hiçbir deneyim yaşanmaz. Deneyimler oluşturulan alanın içinde yaşanır. Şekil alır!

A noktası ve B noktası yani iki ZIT açı birbirinin farkını görüp farklarını hissetmek için birbirlerini çekerek birleşirler. Böylece birbirlerini deneyimleyerek bilgilenir, katlanarak çoğalır ve farklı bir açıya dönüşerek değişirler!

Eksi (-) ve artı (+) olan her bir parça ve bütünlükler, sırasıyla birbirlerini çekerek kendi içlerindeki parçaların tamlığını oluştururlar. Ta ki her bir parçanın tamlığa ulaştığı ana kadar. Her zaman sırası gelen yeni bir bilgiyi oluşturacak olan iki farklı açı eştirler ve bu yüzden birbirlerine çekilerek âşık olurlar. Çünkü birbirlerinin parçasıdırlar. Biz özümüze bilgiyi eklersek tam olurlar! Var olan her şey bu sistemle çalışır. Bu Yaradan'ın her bir zerresinde ve parçasında hissedilecek aşkın bilgisidir! Sonunda tamamen aşk olana kadar yani tam olana kadar bu titreşimleri, döngüleri bu sistemle yaşarız, yaşatırız.

Bu dünyada özümüz yani özbilincimiz iç içe geçmiş korkuyu yani eksiyi (-), bedenimiz de iç içe geçmiş sevgiyi yani artıyı (+) temsil etmektedir! Eksi kimliği inançta ise her zaman cesaretle adım atan kimliktir! Çünkü o dönüşümdür. Dönüşüm olmazsa değişim sağlanamaz. Yaşamınızda bir değişim istiyorsanız, dönüşümü sağlamak zorundasınız!

İnancın titreşimi, Yaradan'ın hiçlikten her şeyi var etmesini ve hissedilebilir kılmasını sağlamıştır! Bu yüzden seçimlerinizin inancın titreşiminde olması size yeni bilinçte istediğiniz maddi ve manevi her şeyi sağlayacaktır.

B Noktası ve A noktası sürekli olarak kendi içinde katlanarak önce genişler sonra da ilerler! Bu iki boyutlu çizimde bunu yansıtamadığım için burada peş peşe sıralanan zigzagları görmekteyiz.

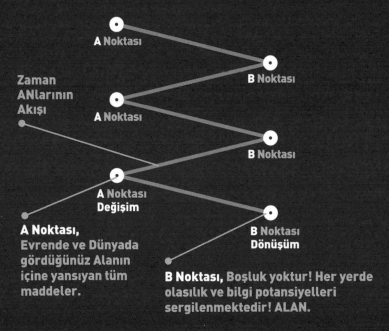

A Noktası

B Noktası

Zaman
ANlarının
Akışı

A Noktası

B Noktası

A Noktası
Değişim

A Noktası,
Evrende ve Dünyada
gördüğünüz Alanın
içine yansıyan tüm
maddeler.

B Noktası
Dönüşüm

B Noktası, Boşluk yoktur! Her yerde
olasılık ve bilgi potansiyelleri
sergilenmektedir! ALAN.

Kainattaki (HİÇ'likten) ilk adım değişimle başlamamıştır! Dönüşüm (korku) ile başlamıştır! Çünkü potansiyel olmadan değişim sağlanamaz! Alan oluşmadan içinde bir şey var olamaz! Dolayısıyla değişim gerçekleşemez. Olasılık ve bilgi potansiyellerinin seçimi A noktasına, deneyimlere yansır! Bu yüzden örnek şema önce B noktası ile başlar. Seçimin ne olduğuna göre de ya dönüşüm gerçekleşerek değişim yaşanır ya da dönüşüm sağlanmazsa değişim "olmuş gibi" yaşanır! **Seçiminiz inanç olduğunda Dönüşüm gerçekleşir ve değişim yenilik ile yaşanır! Seçiminiz inançsızlık olursa dönüşüm gerçekleşmez ve değişim yaşanmaz bu yüzden yaşlanırız çünkü zamandan koparız!**

B Noktası Nedir?

B noktası, bilim insanlarının kuantum mekaniği ile ispatladığı, hiçbir yerde boşluk yoktur ve boşluk olarak gördüğümüz her yerde tüm olasılık potansiyellerinin dolayısıyla bilgi potansiyellerinin sergilenerek ortaya konulmuş olması durumunu anlatıyor.

Yani B noktası, henüz bizim gözümüzle göremediğimiz bir alandır. Ve B noktasında, görünmeyen alanlarda istediğimiz deneyimler bize doğru gelmeye başlar ve yaşamımızda gerçekleşir!

B noktası, dönüşümün kendisidir. Kâinatta ve kendi içimizdeki tüm döngüler DÖNÜŞÜM ile başlar! İlk önce her şey dönüşür ki değişim hissedilsin. Ve dönüşüm alanı bize isteklerimizi taşıyan, ulaştıran bir araç gibidir! Dönüşüm özümüzdeyken gerçekleşirse, istediğimiz değişimi ortaya koymuş oluruz! Yani istediğimiz değişimi deneyimleriz. Bu da istediğimiz olayın deneyimini yaşayacağımızı ortaya koymaktadır! B noktası, dönüşümü gerçekleştirdiği için dönüşüm gerçekleşirken, özümüzde yani inanç bölgesinde olmamız çok çok önemlidir. Çünkü hayatımızdaki deneyimleri tam olarak bu dönüşümler gerçekleştiğinde oluşturuyoruz. Bu yüzden dönüşüm gerçekleştiği anlarda inanç bölgesinde olmamız, istediğimiz olayların deneyimini dönüştürecek olduğumuzun göstergesidir! Bu da bize yenilik katarak, A noktasını istediğimiz olayın değişimiyle yaşayacağımızı yansıtır. Yani üç boyutlu dünyadaki deneyimimizi istediğimiz şekilde yaşatmış oluruz.

B noktası biz insanların gözüyle göremediği alandır. B noktası bizim özbilincimizi ve "olasılık ve bilgi potansiyellerinin" olduğu alanı yansıtır. B noktası göremediğimiz alan olduğu için bazı özel isteklerimizin bize ulaşma zaman aralığında "şüpheye" düşeriz. Ya olmazsa inançsızlığına düşeriz. Bu yüzden de istemediğimiz deneyimi yaşatmış oluruz.

A Noktası Nedir?

A noktası, kütle ve çekim kuvveti yasasına uyum sağlayan gördüğümüz tüm katı maddelerdir. Uyum sağlayan çünkü, bu üç boyutlu dünyada biz insanların illüzyon yanılsaması vardır. Bilim insanlarının kuantum mekaniği ile ortaya koyduğu gördüğümüz, tuttuğumuz, kaldırdığımız kısaca beş duyumuzla hissettiğimiz her şey bir yanılsamadır. Yani katı madde diye bir şey yoktur. Ayağımı yere sert bir şekilde ittiğim ya da bir kapıya kafamı çarptığımda aslında maddeler arasında bir temas olmaz. Sadece her iki maddenin kuvvetleri yani elektronları birbirlerini iterler! İç içe geçerek karışmalarına izin vermezler, düzeni bozmazlar.

Her şey ilk olarak özden beynimize yansır ve beynimiz aracılığıyla alanın içindeki gördüğümüz her şeye yansır! Beş duyumuzla hissettiğimiz tüm şeyler özden beyne, beyinden yaşamımıza yansır. Bu yüzden etrafımızda gördüğünüz her şey özümüzün birer yansımadır! Yansımalarımızı biz insanlar özümüzde olup olmama durumuna göre var olan tüm seçimlerimizle yansıtırız. Böylece ya bakarız ya da hissederek görürüz!

A noktası, değişimin kendisidir. Dönüşümün ardından gelen değişimdir. İlk olarak dönüşüm harekete geçer ve dönüşüm gerçekleştiğinde ise değişim gerçekleşmiş olur! Fakat dönüşüm kişinin özündeyken gerçekleşmezse, alanda bir değişim olmaz! Tıpkı yeni bir güne uyanıp, sürekli aynı açılarda sıkılarak yapılan tekrarlar gibi. Burada da değişim sağlanmaz, sadece değiş"miş" gibi görünür! A noktası, bu dünyada "şu an" sahip olduğumuz tüm kaynaklarımızı yansıtır. Yeteneklerimizi, hizmet ettiğimiz işimizi ve bu dünyadaki maddi imkânları da simgeler. A noktası, özünün ve bedeninin kendi merkezindeki var olan tüm olanaklarıdır. Bu kaynak aynı zamanda özbilincimizi temsil eder. Ve aynı zamanda özbilincimiz B noktasını da temsil etmektedir. Çünkü görünen ve görünmeyen her iki dönüşüm ve değişimde vardır. Tam olarak ortadadır.

Kendi özümüzde beslenme sağlanmışsa istediklerinize doğru gelişen deneyimleri kendinize çekersiniz! Eğer yeni bir bilgiyi özhaznenize ekleyip özünüzü beslemediyseniz, istemediğiniz deneyimleri kendinize çekersiniz!

Biz insanlar için öyle ya da böyle ya dönüşüm-değişim sağlanacak ya da dönüşmüş-değişmiş gibi yapılacaktır! Çünkü, dönüş"müş" ve değiş"miş" gibi olmasaydı ortak alanda yani özkaynaktan koptumuğuzda bir daha bu dünyada varolmak için tekrar bağlanamazdık! Dönüş"müş" gibi olan şey, özünüze bir bilgi eklenememektir. Değiş"miş" gibi olan şey, sizin her günü aynı kısırdöngüde ve sıkılarak yaşamanızdır. Hiçbir keşif yapılmadan dolayısıyla açı değiştirmeden yaşamanızdır!

B noktasından hareketle görünmeyen alanlarda istediğimiz şeyler gerçekleşerek bize doğru gelmeye başlar. Öte yandan istediğimiz bir olayın deneyimi, bize doğru gelerek gelişmeye başladığında, biz o gelişimin her anını adım adım göremeyiz! Onlarca isteğinizin size gelme noktasındaki tüm açılarını, anlarını görebilecek zaman yoktur yani insan olarak zamanınız yetmez. Diyelim ki görmek istediniz ve görebilme şansınız var. Bu şu demek olur; her şeyi, işinizi, özel yaşamınızı bırakıp sadece on ya da on beş isteğinizin size gelme anlarını gözlemleyebilirdiniz. Yani yaşamınızın anlarının tamamını bırakıp bu olasılıkların dönüşümlerini gözlemlemeniz gerekir. Her şeyi bırakmak demek zaten alandan, anlardan kopmak demek ya da zamanı kendi adınıza durdurmak demektir. Zamandan her şeyinizi, tüm anlardaki dönüşümlerin eylemlerini dondurup çıkarsanız, bu dünyadaki yaşam alanından da tamamen çıkarsınız! Yani tam olarak bu dünyadan koparak ayrılırsınız! Sonraki ilk durak neresi biliyor musunuz? Sonraki ilk durağınız ise kara delikler olacaktır!

Bu yüzden de bu dönüşümler size doğru gelirken yani size doğru gelerek gelişirken siz de kendi özkimliğinizi yaşatmaya, hayattan heyecan ve keyif almaya, kendi bedeninizi de besleme-

A Noktası
İstediğin, düşünü kurduğun deneyimi yaşattın. Çünkü kendi özünden, hislerinden, bilgilerinden, aşklarından vazgeçmedin!

ÖzBilinç,
tam olarak,
B noktası ve
A noktasının
ortasında yer alır!

A Noktası (+)
Deneyimlemek istediğimiz tüm deneyimlerin yaşandığı, yansıtıldığı alan içi! Tabii ki özünüzde, inanca bağlı olursanız!

B Noktası (-)
Alanda olasılık ve bilgi potansiyelleri sergilenmektedir! Ve deneyimler alanın içinde eyleme geçebilir!

İstediğiniz deneyimlerin, maddelerin size ulaşacağı zamansal farklılıklar vardır. Örneğin sabah uyandınız ve kendinize güzel bir kahvaltı hazırlamak istediniz. İsteğinizi eyleme geçirerek kalktınız ve hazırlamaya başladınız. İşte tüm bunları yaparken AN AN gerçekleştirdiğiniz bu eylemleri ALAN sayesinde gerçekleştirebildiniz yani dönüşüm (korku, eksi (-) sayesinde gerçekleştirdiniz. Ve her anın dönüşümünü değişim olarak an be an yaşattınız! Ya olmazsa şüphesine düşmediniz! Bir de isteklerimizin zamansal aralığının daha uzun olduğu, henüz TAM olarak hazır olmadığınız deneyimler vardır. Örneğin bir nesneye ulaşmayı deneyimlemek istediniz. O nesneyi deneyimleme olasılığı size zamanın anlarında ulaşacaktır. Yapmanız gereken, zaman illüzyonuna düşmeden (duygu hapsine), size ulaşacağı alanda kalmaktır! Yani inançta. Sistem değişmez. Fakat sistem sizi o nesnel deneyimi yaşatacak bilinç seviyesine getirirken farklı deneyimlerle besleyecektir. Sizin bu arada yapmanız gereken tek şey özbilincinizi çalıştırmaktır. Yani HİZMET etmektir!

ye devam edeceksiniz ki inanç bölgesinde kalarak dönüşümlerinizi inançta gerçekleştirebilin! Tabii ki bazı özel seçimlerimizin oluşumunu çok kısa sürede yaşayamayız. Özel isteklerin deneyimi sizler o deneyime hazır olunca gelecektir. Yani özkaynaktan beslenip o deneyimi yaşatacak, yansıtacak kapasiteye, güce sahip olduktan sonra ulaşacaktır!

Bilmeniz gereken tek şey, istediğiniz tüm deneyimlerin size tam zamanında ulaştığıdır! Siz o deneyimi yaşatacak güce sahip olana kadar sistem size yeni deneyimler sunacaktır! Yaradan'ın sistemine, adaletine ve özkaynağına bağlı kalarak, gücünüzü aldığınız tek alanın İNANÇ bölgesi olduğunu biliyorsunuz!

Görünmeyen hisler, görünenleri beslerken, görünenler de görünmeyeni besler! Bilmek en güzel dolumdur! Dolmak tam olmaktır! O zaman kaynak da, sınırsızlık da özünüzde olacaktır!

Gecenin ardından gündüzün gelmesi, gündüzün ardından gecenin gelmesi gibi dönüşüm ve değişim her an devam eder. Hiçbir yeni gün bir diğer gün ile aynı olmamıştır ve olmayacaktır! Hiçbir güç gecenin (-) ve gündüzün (+) birlikte tam ve bütün olduğunu, bir gün olarak tamamlanan bir hakikat olduğunu yok sayamaz! Ve hiçbir A noktası bir diğer A noktası ile aynı olmadığı gibi, hiçbir B noktası bir diğer B noktası ile asla aynı olmayacaktır. Dönüşmüş ve değişmiş yaşam sürdüğü sürece var olacaktır. Evrende her şey büyük bir ritmik senfoni gibi çalışır! ZITlıkların sisteminde hiçbir şey sabit kalmadığı için olasılıklar, olanaklar, dönüşen ve değişen biz insanlar ve tüm yansımalarımız da anbean dönüşerek değişecektir!

ZITlıkların sistemi bize her zaman seçenekler vererek yapmak istediklerimizi gerçekleştirme hakkı sunar. Sistem, bizler istedikçe, arzuladıkça, istediğimiz deneyimleri yaşamak için heyecanlandıkça, yani potansiyel olarak özümüzün parçalarını diğer parçalarıyla TAMlık haline kavuşturmayı arzuladıkça, sürekli olarak biz insanları besleyerek hizmet eder! Şükür!..

Zamanın anlarında
adım adım dönüşüp
değişerek, genişleyen
ve ilerleyen Uzay!

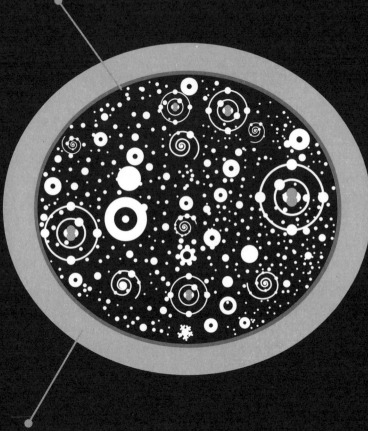

Mavi bölge: Zamanın ve hiçbir şeyin olmadığı inançsızlık
ve yoksunluk bölgesi. Burası duygu hapsidir. Zamanın
olmadığı yerde hiçbir titreşim, dönüşüm ve değişim
yoktur! Sıkıldığın, yalan söylediğin, kıskandığın,
öfkelendiğin, yargıladığın, ayırdığın her duygun burada
hapistedir! Duyguların bu olmayan alanda yoksunlukta
yoksul kalarak yok olmaya başlar!

Zamanın Sistemi Nasıl İşler?

Zaman hakkında güzel bir soru sorarak başlamak istiyorum. Sizce bizi eskiten, yıpratan yani bedenimizi yaşlandıran şey zaman mıdır? Hep zamanın bizi eskittiğini, yaşlandırdığını söyleyerek zamanı suçlarız. Zaman anlardan meydana gelmiştir. Zamanı mutlak kılan şey anlarının olmasıdır. Zamanın anları olmasa, insanoğlu bırakın yaşlanmayı bir nefes bile alamazdı! Asıl hakikat ise şudur: Zaman, insanları eskitmez ve yaşlandırmaz! Aksine zamanın içinde olduğumuz sürece yaşlanmadan, hastalanmadan uzun yıllar yaşayabiliriz. İnsan bedeni çok daha uzun yıllar yaşayacak donanımda yaratılmıştır! Fakat insanlar olarak yaşadığımız çağda bunu kullanamıyoruz. Ama artık yeni bilinç ile dünyamızda ve insanlarda pek çok farklılıklar dolayısıyla farkındalıklar, yepyeni dönüşümler yaşanacak. Ve insan kendi bedenini de daha iyi kullanmayı öğrenecek.

Zamandan çıkmak, zamandan yoksun kalmak yani zamansız olmak insanı yaşlandırır ve eskitir! Zamanın anlarından çıktığınızda, yaşlanırsınız ve eskirsiniz! Çünkü zamanın dışında bir titreşim alanı yoktur! Zıt açıların, eksi (-) ve artı (+)'nın birbirlerine aşklarının titrediği alan yoktur! Dönüşüm ve değişim arasında yaşanan titreşim yoktur. Zamansızlık insanlar için yoksunluk bölgesidir. Orası duygu hapislerinin olduğu yerdir. Evrende var olan hiçbir şey o alanda yoktur! Sadece duygu hapisleri vardır.

Zaman ve anları sadece Yaradan'ın sistemi olan zıtlıkların alanında yaşar. O alan birbirimize bağlı olduğumuz "ortak alandır!" Bağlı olduğumuzda ise özkaynağa bağlanabiliriz. Bizler gücümüzü o alanın bağı ile özkaynaktan alabiliriz. O kaynaktan çıkmak zamandan çıkmaktır. Ve orada bağımız (bağlılığımız) da yoktur, gücümüzde yoktur! Çünkü Yaradan'ın özkaynağından çıkmışızdır. Böylece gücümüzü aldığımız ortak alanda bir arada da değilizdir. Böylece güçsüz ve zamansız kalırız. Bu yüzden yıpranmaya başlarız. Çünkü özümüzün içindeki bilgilerin titreşimini sağlayamadığımız için bedenimizde o alanda besinsiz kalır. O alanda atom altı zerreler titremediği zaman yok olmaya, çürümeye başlarlar! Titreşim sağlanmazsa o bölgedeki atom altı zerreler çürümeye başlar! Bu yüzden bedenimiz eskir! Özümüz ise zamandan çıkarak yoksunluğa geçtiği için bilgilerini kullanamaz, böylece özel alanından çıkarak özkaynağını unutmaya başlar!

Zamanı bir sonraki anlara geçiren şey ise var olan tüm eksi (-) ve artıların (+) dönüşümleridir. Yani sürekli olarak her yerde ve farklı açılarda yaşanan tekrarların döngüleridir! ZITlıkların yaşamında sürekli olarak iki farklı açının karşılaşarak, dönüşerek değişmesidir. Bu karşılaşmalar ve TAMlık ile birlikte olmaları evrende genişlik oluşturur. Zamandaki bir anı hissetmek için, katrilyonlardan çok daha fazla (-1) ve (+1) sürekli birleşir ve bu birleşimler ise sürekli olarak Sıfırı (0) doğurur! İşte bu sürekli farklı açılarda yaşanan ve aynı olmayan tekrarların döngüleridir! Bu, mucizenin kendisidir! Böylece evren sürekli olarak titrer! Var olan hiçbir şey sabit değildir. Evrendeki tüm parçalar bir anlığına dursa, sabit kalsa yani titremese ne olurdu biliyor musunuz? Evrendeki her şey bir anda çökerek YOK olurdu. Yani evrendeki ve dünyadaki hiçbir şeyi göremez, dokunamaz, tadamaz, koklayamaz ve duyamazdık! Muhteşem yıldızları izleyemez, mehtaba bakamazdık. Çiçeklerin kokusunu içimize çekemez, elmayı ısıramaz, denizi, güneşi, ayı göremez ve hissedemezdik. Evrendeki tüm korku, eksi (-) duygusunu, dönüşümleri atarsanız, hiçbir titreşim olmaz! Korku ve sevgi arasında hiçbir alışveriş gerçekleşmez ve her şey bir anda çökerdi, bir anda Hiç olurdu. **Kara Madde olmasa evrende ki tüm gezegenler ve her şey bir anda çökerek hiç olurdu!** Zamanın içinde tüm eksi ve artıların özü titrer ve bu titreşim bize anları ve anların içindeki hislerimizi yaşatır.

İnsanların Yaradan ile tek bir bağlılığı vardır! Tek bir sözü tek bir yemini vardır. O bağlılığın yemini ise bu dünyada İNANÇTIR!

Bu yüzden kendi içimizdeki dönüşümleri gerçekleştirmek, sürekli alıp vererek, kendi özbilincimizi yaşatarak anlarda TİTREŞTİRMEKTİR!

Zaman, beş duyumuzla hissettiğimiz, etrafımızda gördüğümüz bu mucizeleri doyasıya hissetmemiz için bu dünyada, anlarda daha yavaş ilerler. Evrenin başka bir köşesinde zaman kavramı çok daha farklıdır. Bu yüzden zaman görecelidir. Zaman insanların özbilinçlerine göre de görecelidir! Çünkü zaman bilinçlere göre farklılık gösterir! Güneşin yaşam süresi ve dünyanın yaşam süresi birbirlerinden farklıdır. Ya da bir yıldızın bir gökcismine göre zaman akışı çok farklıdır. Ve bu, bilinçlerinden kaynaklanır. Evet, onların da bilinçleri var elbette. İnsanların özbilinçleri de birbirinden farklı olduğu için zaman farklılığı yaşanır. Örneğin özbilinci yüksek olan bir insanın titreşimleri de hızlıdır. Eğer bu kişi zamanda kalırsa, özünü yaşatırsa yani titreşimlerini sürekli sağlarsa birçok kişiden çok daha canlı, genç ve dinamik olur. Öte yandan eğer özünü yaşatmazsa ve zamandan sürekli çıkarsa birçok kişiye göre daha fazla eskiyecek, bitkin olacaktır.

Zaman anlarla akıp giderken yoksunluk bölgesinde sürekli kalmak, duygu hapisleriyle stresli bir şekilde yaşamak, sahip olduğunuz tek hakkınızı, özünüzün hislerini anlarda yaşatmamamız demektir. Çünkü sürekli geçmişte, sürekli streste kaldığında tüm duygularını, özünü ve bedenini hapsetmiş olarak, bu kadar mükemmel bir dünyanın zenginliklerini, nimetlerini kaçırmış olur-

Geçmiş, gelecek ve şimdi... Her anımız, tüm deneyimlerimiz iç içe geçerek, iki zıt açı ile Uzayda (kainatta) vardır!

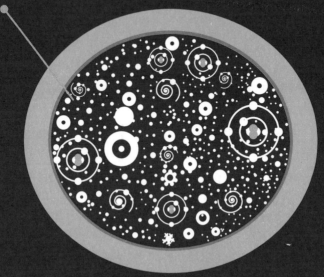

Her şey zamanın içinde dönüşür ve değişir, genişler ve ilerler! Böylece her anımızı hissedebilme şansına sahip oluruz! Ve her idrakimiz, bilincimiz tek bir merkezde zaman sayesinde katlanarak toplanır. Yani özümüze, özhaznemize toplanır! Bu dünyada biz insanlar geçmişten nefret ve gelecekten şüphe ve endişe ettiğimiz her an, zamanın dolayısıyla kainatın içinden kopmuş oluruz! Tam olarak öfke, nefret, şüphe ve endişeden dolayı koptuğumuz Ortak Alanımızdan hangi duygu durumuna göre koptuysak, o duygu durumuna göre şekillenen bedenimizdeki organların atom altı parçaları yoksunlukta yani inançsızlıkta kaybolurlar! Bu yüzden hastalanırız ve yaşlanırız. Çünkü iki zıt olan EŞ (eksi (-) ve artı(+)) açılar arasında DNA sarmallarınızın birçoğu eşleşemez çünkü birbirlerini kaybetmişlerdir! Dolayısıyla bedenimizde DNA sarmalının olduğu bölgenin yapısı bozulur ve yıpranmaya başlar.

sun! Bütün bu mucizeler, nimetler senin doya doya yaşaman için yaratıldı. O çiçekleri koklaman bir mucize ve bir nimettir. Nimetler şükretmemiz için yaratılmıştır! Öte yandan yediğin, dokunduğun, gördüğün, dinlediğin, kokladığın her şey bir illüzyondan ibaret. Yoklar aslında. Olmayanı bize hissettiren Yaradan'ın özkimliği şüphesiz TEK güçtür. Ve bu güç bu dünyada ortak alanda O'nunla olan bağımızda (bağlılığımızda) yani inancımızdadır! Yeni bilinçte, O'nun alanından, zamanından, inancından koparsak tüm nimetlerinden de mahrum ve yoksun kalırız. İşte bu yüzden kendine uyan, inanca uyan, özündeki bilgilere uyan. Her şey senin için yaratıldı insan! Hadi keşfet, hadi nimetlerine sahip çık! Körü körüne yaşayarak özkaynağa bağlı kalamayacağını bil! Ezber yaparak özkaynağa bağlı kalamayacağını bil! Sorgulamadan, idrak etmeden özkaynakla bağını güçlendiremeyeceğini bil! Ancak idrak ederek bağlarını güçlendirebilirsin. Özbilincini artırarak ve kullanarak alanda Yaradan'ın özkaynağına bağlanabilirsin.

Yaşadığımız dünyadaki birçok şey gibi zaman kavramı da tam olarak çözümlenememiştir. Zamanın insanları yaşlandırdığı yanılgısında takılıp kalınmıştır. Oysa zaman bizi yaşlandırmaz, biz insanlara kapasitemizi tam anlamıyla gerçekleştirmek için dilimler, imkânlar sunar!

Bilinçlendikçe alanımız artar böylece özkaynakla olan bağımız da güçlenir! Alanın genişledikçe O'nu her yerde hissetmeye başlarsın ve baktığın her yerde hislerinle ağ ağ özkaynağa bağlanırsın! Tıpkı beynimizdeki nöron ağlarına bağlanan ağlar gibi...

Seni iyi hissettirmeyen her duygu yanılsamadır! Yaptığın bir şeyin deneyimi sana gerçek doyum ve gücü hissettirmiyorsa, olduğun yer zamanın olmadığı yani inancın olmadığı yoksunluk hapsidir!

Zaman ANlarla, inançla genişler ve ilerler. Şüphe ve endişe özbilincinizi ve bedeninizi duygu hapsine atar ve orada bilgileriniz yoktur! Orada zaman yoktur, isteklerinizin seçimi yoktur. Zamansızlıkta inançsız kalırsınız ve yaşamınızdaki hiçbir şey o yerde genişleyerek ilerlemez. Orada titreşim olmadığı için yoksunluk yaşanır. Zamansızlıkta her şey durur ve sen oradaysan senin için de her şey durur, sana gelmez! Ve orada seni sen yapan, insanı insan yapan ve diğer tüm canlılardan bizi ayıran özgür irademizi kullanamayız çünkü doğru seçim yapamayız. Bizi hayvanlardan, yaşayan tüm canlılardan ayıran şey seçim yapma hakkına sahip olmamızdır. Seçim yapamayan insan sürekli duygu hapislerini yaşar, bağımlı hale geldiği, tekrar tekrar yaşadığı döngülerin bilgisine sahip olamadığı için olayların hapsinden çıkacak gücü yani inancının seçim hakkını kullanmaz! Kendi irademizle, kendimiz için karar veremiyorsak ve seçim hakkını kullanamıyorsak insan olabilmenin hakkını yaşatamıyoruz demektir! Özümüzü yaşatamıyoruz demektir!

Geleceğin, seçim hakkın olan özgür iraden ile var olan potansiyelini kullanıp kullanmadığınla yani özbilincini hangi anlarda kullanıp kullanmadığınla şekillenecek!

Sürekli ilerleyecek zaman için planlar yapıp anları kaçırmak da insanı esir eden bir saplantıdır. Elbette düşler kurabilirsiniz ve bu sizi besler! Burada idrak etmemiz gereken kısım sürekli gelecek kaygısı içinde şüphe ve endişede kalmamaktır. Ya şöyle olmazsa, ya böyle olmazsa, ya şunsuz kalırsam, ya şu gelmezse, ya o istediğim şey olmazsa vs diyerek, o olmayanı şüpheyle besleyerek kendinize çekmeye başlarsınız! Hayal kur, inançla düşle ve sadece kendini yaşatmaya, özbilincini kullanmaya devam et. Şüphe etme! İstediğin şey en doğru anda sana ulaşacaktır!

Zaman anlarda katlanarak gider! Sadece ANlarda yaşar. Geçmiş sizin için bir hapistir, zindandır. Gelecekse henüz keşfedilmeyen heyecandır!

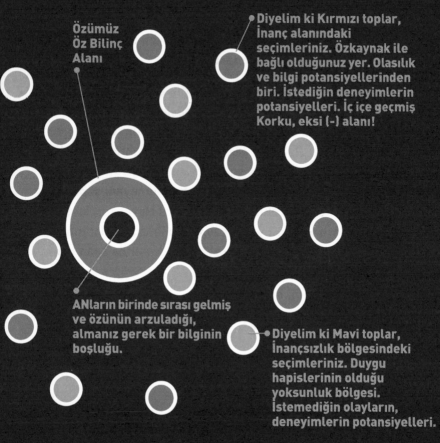

Özümüz Öz Bilinç Alanı

Diyelim ki Kırmızı toplar, İnanç alanındaki seçimleriniz. Özkaynak ile bağlı olduğunuz yer. Olasılık ve bilgi potansiyellerinden biri. İstediğin deneyimlerin potansiyelleri. İç içe geçmiş Korku, eksi (-) alanı!

ANların birinde sırası gelmiş ve özünün arzuladığı, almanız gerek bir bilginin boşluğu.

Diyelim ki Mavi toplar, İnançsızlık bölgesindeki seçimleriniz. Duygu hapislerinin olduğu yoksunluk bölgesi. İstemediğin olayların, deneyimlerin potansiyelleri.

Her özbilince göre olasılık ve bilgi potansiyelleri değişkenlik gösterir. Eylemlerinizin tüm seçimleri boşluk olarak nitelendirdiğimiz alan sayesinde gerçekleştirilir. Yürüyebildiğimiz, konuşabildiğimiz, birine dokunabildiğimiz, koltukta oturabildiğimiz, arkadaşımızla diyalog yaşayabildiğimiz, ailemizle vakit geçirebildiğimiz, diğer tüm hissedebildiğimiz deneyimler ve yeni deneyimlerin tümü boşluk sandığımız "ALAN" sayesinde gerçekleşmektedir! Ve bu alan sayesinde yeni deneyimlerle yeni idraklere yani bilgilere sahip oluruz. Ve alanı oluşturan ilk öz duygu ve açı; İç içe geçmiş Korku, eksi (-)'dir.

Kuantum Mekaniğindeki Boşluk Olduğunu Sandığımız "Olasılık Potansiyelleri ve Bilgi Potansiyelleri" Nedir?

Artık bildiğimiz gibi, boşluk olarak gördüğümüz daha doğrusu bakıp da göremediğimiz alanlar "olasılık potansiyellerinin ve bilgi potansiyellerinin etrafta sergilendiği alandır." Yani boşluk yoktur!

Peki bu sistem kuantum alanda yani atom ya da atom altı parçalarda değil de, üç boyutlu yaşamımızda nasıl çalışmaktadır? Baktığımızda boşluk olarak gördüğümüz, boşluk olarak nitelendirdiğimiz her yerde, biz insanların gözüyle göremediği tüm potansiyellerin olasılıkları sergilenmiştir. Sergilenmiş demek, olasılıkların tüm potansiyelleri biz göremesek de etrafımızdadır demektir.

Bu dünyada göremediğimiz alanın en öz açısı eksiyi (-) temsil eder ama o alanda iç içe geçmiş benliktedir. Çünkü zıtlıkların evreninde her şey içiçe geçmiş bir bütünlüktür! Ve daha önceki sayfalarda da anlattığım gibi karanlık, korku, Kara Madde evrendeki en büyük dönüştürücüdür! Ve görünmeyen alanlarınızı temsil ederler! Solumuzda, sağımızda, arkamızda, önümüzde yani her yerde potansiyeller sergilenmektedir. Bu potansiyellerde istediğimiz ve istemediğimiz tüm deneyimler mevcuttur ve etrafta sergilenmektedir. Bu potansiyeller gözlemciye göre yani kişiye göre değişkenlik gösterir. İnsanın özbilincine göre hem potansiyeller değişkenlik gösterir, hem de kişinin o anlarda özünde olup olmamasına göre potansiyeller değişkenlik gösterir! Her insanın potansiyelleri farklıdır. Çünkü her insanın özbilinci farklıdır. Ve özbilinci yükseldikçe potansiyelleri de giderek azalır! Çünkü idrak etmesi gereken bilgiler azaldığı için, bilgilerin deneyimlerini oluşturan potansiyeller de azalmış olur!

Özümüzün isteği olan tüm bilgi potansiyelleri etraftadır! Bedenimizin istediği tüm olayların potansiyelleri etrafımızdadır! Potansiyellerin deneyimlerini "ortak alanımızda", boşluk sandığımız alanda gerçekleştiririz. Ve ortak alanda sergilenen bilgiler özümüzün besinidir! Yani özümüzün besinleri etrafta "tüm insanların her an ulaşabileceği alanda", özkaynakta herkese EŞİT ve ADALETLİ olarak, kişiye özel olarak sergilenmektedir. Özümüzün besini biz insanların yaşam alanlarını da besleyecektir. Bu noktada özünüz beslendikçe istediğiniz olayları ve aynı zamanda istediğiniz maddi nesneleri de kendinize çekerek deneyimlemiş olacaksınız. Burada çok önemli bir detay vardır: Bu potansiyeller insanların "seçim haklarına" göre yaşamlarında şekillenirler! Ve bu seçimler, hangi olasılığın deneyimini yaşatacağınızı belirler ve yaşamınızda şekillenirler. Deneyim, herhangi bir seçim yaparken, bu seçim esnasında özünde-inancında mısın yoksa özsüzlüğünde-inançsızlığında mısın, bu duruma göre hayatımızda şekillenerek gerçekleşir. Bu idrak, yeniçağın bilincinde oldukça önemlidir. Çünkü seçimlerinize göre yaşamınızı şekillendirmiş olacaksınız!

Özgür iradenizin varlığını ve gücünü yeni çağın bilinci ile çok daha fazla hissedeceksiniz! Çünkü insanoğlu "özgür iradenin" ya da "seçim özgürlüğünün" ne olduğunu ve bu dünyada bunu tam olarak nasıl kullanabileceğini henüz idrak etmemişti. Nasıl evimize aldığımız en ufak bir aletin kullanım kılavuzu varsa biz insanların da bir kullanım kılavuzu vardır. Bu kılavuz Yaradan'ın evrendeki sistemi olan zıtlıkların sistemidir. İşte bu kitapta öğrendikleriniz de bir anlamda bir insanın kullanım kılavuzudur. Bu kılavuzu idrak ettiğinizde, yaşamınızı yeniçağın bilinci ile özgürce ve inanç alanında kalarak, yaşamak istediğiniz deneyimlerle şekillendirebileceksiniz. Hem özünüz beslenecek, hem de bedeniniz; böylece yeniçağın bizden istediği DENGEyi de yaşatmış olacağız.

Olasılıklar Alanından İstediğimiz ve İstemediğimiz Deneyimleri Nasıl Yaşatıyoruz?

Olasılıkların tüm potansiyelleri her zaman her yerde etrafımızda sergilenmektedir. Bu durumda istemediğimiz olasılıklar da etrafımızdadır. İstediğimiz olasılıklar da oradadır, istemediğimiz olasılıklar da. İnanç ve inançsızlık olasılıkları, özbilincini kullandığın ve özbilincini kullanmadığın olasılıklar, hepsi oradadır.

Peki biz insanlar hangi durumda olasılıklar içinden istemediğimiz olayın deneyimini çekiyoruz, kendimize yaşatıyoruz? Başka bir deyişle istemediğimiz olaylar hangi durumda başımıza geliyor?

Biz insanlar özbilincimizi yaşatmadığımızda, sürekli olarak kendimize istemediğimiz deneyimleri yaşatıp duruyoruz. Genelde istemediğimiz deneyimlerin olasılıklarını, idrak etmekten kaçtığımız ya da görmezden gelerek hiçbir durumu sorgulamadığımız zamanlarda kendimize yaşatıyoruz. Sırası gelmiş bir bilginin idrakine sahip olamadığımız için, farklı olayların deneyimlerini farklı açılarda ve farklı kişilerle tekrar tekrar yaşıyoruz! Bu ne demek oluyor? Bir bilgiye sahip olma zamanı gelmiş olmasına rağmen o bilgiye o zaman diliminde sahip olmadığımızda, o bilgiyi idrak etmediğimizde, sürekli başkalarını yargılarız. Çünkü kendimizi ayırdığımız için, özbilincimizi ayırdığımız için, kendimizi yaşatıp sırası gelmiş bilgiyi idrak etmediğimiz için dağılırız ve ayrılırız. Bu yüzden başkalarını ayırırız ve yargılarız. Çünkü biz içimizde ayrılmışızdır. Ve istemediğimiz deneyimleri farklı açılarda ve farklı kişilerle, olasılık deneyimleriyle test edip idrak edene kadar yaşarız!

Bunu şöyle de ifade edebiliriz: İdrak etmeniz gereken bilgiyi idrak edip özünüze yerleştirmediğinizde yani özünüzü doyurmadığınızda, özünüz aç kalarak size uyarıda bulunuyor ve istemediğiniz olayı size yaşatıyor. Buradaki sonuç, seçimden kaynaklanıyor: Özünüz size uyarıda bulunuyor: "Heey insan, bak inançsızlık bölgesindesin ve sen oradayken ben aç kalıyorum, beslenemiyorum. Lütfen o alandan çık ve beni yeni bir bilgiyle besle. Biliyorum ki sen de o alanda kalmak, istemediğin deneyimleri yaşamak istemiyorsun. Bu yüzden hadi çık oradan" diyor.

İstemediğimiz olayları deneyimlediğimizde kendi kendimize şu soruyu sormamız gerekiyor: Bu olayı neden yaşadım? Nerede inançsızlık bölgesine geçerek suçu başkalarına attım ya da ne zaman kendi özbenliğimden utandım, kendimi yaşatmaktan çekindim? Kısaca ben neyi anlamamak konusunda direniyorum? Hangi bilginin idrakinden kaçıyorum da istemediğim olayları tekrar tekrar deneyimliyorum? Bu soruların cevapları sizi kendi hattınıza çevirecektir.

Peki, istemediğimiz olayları deneyimlerken bizler hiç mi bilgi sahibi olamıyoruz? Elbette oluyoruz fakat farklı bir şekilde: Özünüz beslenemediğinde, sürekli aç kaldığında istemediğiniz bir dolu deneyimi sizi pes ettirene kadar yaşatır. Sonra siz özünüze döner ve dersiniz ki: "Tamam, artık teslim oluyorum, bu sıkıcı olayı ya da acıyı neden yaşadığımı ve ne yapmam gerektiğini bilmiyorum." Bunlar şüphesiz artık samimi özünüzden gelen duygularınızın cümlelerdir. Bu noktada dua ve niyetlerinizi açık ve samimi bir şekilde ifade edersiniz. Artık kendinizden ve sistemden kaçamazsınız, böylece yapmacık da olamazsınız! Siz samimi olduğunuzda inanç bölgesinde özkaynakla birlikte olursunuz ve o yerde niyetleriniz karşılık bulacaktır. Tıpkı inançsızlık bölgesindeki niyetlerinizin karşılık bulduğu gibi! Her şeyi kendinize siz seçerek yaşatırsınız. Bu yüzden "seçmek" kavramını ve neyi seçtiğinizde kendinize neyi yaşattığınızı iyi idrak etmelisiniz.

Bilgilerinize, olasılıklardan istediğiniz deneyimi seçip yaşatarak sahip olabilirsiniz. Artık yeniçağın bilincinde bilginize sahip olmak için, acı çekerek pes etmeniz gerekmiyor! Çünkü artık bilinç değişti ve sizlerde artık sistemin ne olduğunu ve nasıl çalıştığını biliyorsunuz. Bu sisteme göre yaşamlarınızı şekillendirebilirsiniz. Artık her yerde olan potansiyellerden yani etrafımızı saran potansiyellerden, istediğimiz veya istemediğimiz olayların deneyimini nasıl seçebileceğimizi, nasıl kendimize yaşatacağımızı biliyorsunuz. Aslında formül çok basit, sade ve mükemmel: İnanç bölgesinde olduğumuzda istediğimiz deneyimleri, inançsızlık bölgesindeyken istemediğimiz deneyimleri kendimize yaşatıyoruz!

Her şey karşısındaki ZIT bir açıyı besler. Ve istediğimiz maddi ve manevi tüm deneyimler bizim karşı açımızdadır! Dolayısıyla isteklerimize ulaşmak için karşı açıları beslememiz gerekiyor! Peki evrendeki her şey ne ile ya da neredeyken besleniyordu? Özkaynakta yani inançta... Bu yüzden ZITlıkların Sistemi şöyle çalışır; karşınızda her ne varsa o ZIT açınızdır. Sizin ZIT karşıtınız, zıt açınız herhangi bir eşya, bir insan ya da işinizle ilgili bir olay olabilir. Yani maddi ve manevi boyuttaki her şey sizin karşınızdaki zıt açı yani kimliktir. Bu durumda siz inanç bölgesinde özkaynağa bağlı olduğunuzda zaten otomatik olarak karşınızdaki ZIT açıları beslemiş olacaksınız! Yani istediklerinizi besleyerek onlara ulaşmış olacaksınız.

Karşı karşıya geldiğimiz kim varsa onunla bir alışverişimiz var demektir! Alışveriş gerçekleşmediği zamanlarda hemen karşı açıyı suçlamaya başlarız. Ya da herkesin bize karşı olduğunu, bizi hiç anlamadığını düşünürüz. Sanki tüm dünya bize karşı gibidir, değil mi? Biliyor musunuz aslında tüm dünyadan daha büyük bir güç size karşı! Bu güç ne mi? Bu güç sensin, uyan... Sadece sen kendine karşısın, özel olduğun tarafa karşısın çünkü o alanda değilsin! Unutmayın, kaçmaya çalıştığınız ya da ayırdığınız insanlar size özünüzde olmadığınızı, dağıldığınızı ve bilgilerinizden ayrıldığınızı bu yüzden de etrafınızdaki diğer insanları yargıladığınızı anlatır. Yani yansıtır! Ve etrafınızdaki insanlar bir bilginin idrakını keşfetmeniz için, size sunmak için hediyesiyle gelmiş bu dünyadaki çeşitliliktir! Ve çeşitlilik zenginliktir.

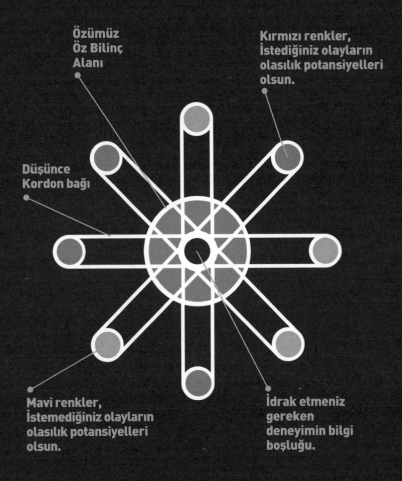

Özümüz Öz Bilinç Alanı

Kırmızı renkler, İstediğiniz olayların olasılık potansiyelleri olsun.

Düşünce Kordon bağı

Mavi renkler, İstemediğiniz olayların olasılık potansiyelleri olsun.

İdrak etmeniz gereken deneyimin bilgi boşluğu.

İstediğimiz ve istemediğimiz tüm deneyim potansiyelleri etrafımızı sımsıkı sarmıştır! Seçtiğiniz ve seçmediğiniz tüm eylemlerin ve deneyimlerin tüm potansiyelleri mevcuttur. Bu yüzden kainatın içinde her şey vardır! **Düşüncemiz ve alın lobumuz sayesinde bizler seçtiğimiz (inanç ve inançsız) tüm seçimlerin deneyimlerini hissederek yaşayabilme şansına sahibiz!**

Olasılıklar Alanından İstediğiniz Deneyim ile Nasıl Bağ Kurarsınız?

İsteklerimizle bağ kurmak için, özümüz (-) ve bedenimiz (+) arasındaki paralel bağın farkında olmamız gerekiyor. Bu durumda özbilincimiz ve beynimiz (alın lobumuz) yani düşüncemiz arasındaki paralel bağın farkında olmamız gerekiyor! Yani eksi (-) ve artı (+) arasındaki, hassas ve içgüdüsel gerçekleşen bağ akımının ne olduğunu çok iyi idrak etmeliyiz. Eksi (-) istek ve arzumuzdur! Artı (+) olasılıklar alanındaki istediğimiz olayın deneyimidir! İç içe geçmiş Zıtlıkların Sisteminde daha önce de söylediğim gibi her iki zıt açı karşılıklı olarak birbirlerini beslerler. Bu yüzden beslenmek için eksi ve artı sürekli birbirlerini çekerler! Yani sizin "arzunuz, istediğiniz (-)" ile "istediğiniz olayın deneyimi (+)" birbirlerine âşık iki farklı açıdır! Bu yüzden de birbirlerini çekerler ve birbirlerini hemen hissederek tam olmak isterler. Dolayısıyla istediğiniz, arzu ettiğiniz şey her ne ise o zaten size gelmek için can atıyor! Yani heyecanla size ulaşmak için titreşiyor... Sizin özünüzde, inançla istemekten başka yapmanız gereken hiçbir şey yoktur. Sadece insanlara olan hizmetinizi (işinizi) özbilincinizi kullanarak aşk ile sunun ve özden (samimi) olan duygularınızı ifade etmekten, kendi özgünlüğünüzü insanlarla paylaşmaktan çekinmeyin yeterli! Fazladan bir çaba göstermenize, çalışmaya çalışmanıza gerek yoktur.

Özümüz her an nerede olduğunu düşüncemize hemen söyleyecektir. Yani özümüz, anında naklen yayın yaparak, paralel bağını kurar ve beyne haber verir! Çünkü yaşamımızdaki her şey bu haberleşme yoluyla gerçekleşiyor. Bu haberleşme yolu biz insanların seçim hakkını yani özgür iradesini gerçekleştirmektedir. Bu yüzden özümüz bunu içgüdüsel olarak gerçekleştirir. Yani bu kadar önemli ve hassas bir durum hiçbir insanın nefsine, iradesine bırakılmamıştır. Yaşamlarımızın adaleti, özümüzün özkaynak ile içgüdüsel gerçekleşen bağında saklıdır! İşte bu bağ sayesinde biz insanlar adaleti ve hakkı tam olarak eşit derecede yaşayabiliyoruz!

Bu haberleşme bağı ile "her yerde olan olasılık ve bilgi potansiyellerinden" seçimlerimize göre yaşamlarımızı şekillendiriyoruz! Ve bu bağı sadece bir olayın deneyiminde kullanmıyoruz, hangi eylemin deneyimini şekillendirmek istiyorsak o kadar çok seçim yapıp bağ kurabiliyoruz! Hatta çoğu seçimlerimizi içgüdüsel olarak yaparız. Çünkü o seçimlerin bağını milyarlarca kez seçip bağ kurduğumuz için artık içten içe zaten o bağın kurulacağından hiç şüphe duymadan gerçekleştiriyoruz! Bu seçimler içten içe hiç şüphe duymadan yaptığımız, bizim günlük ihtiyaçlarımızı karşılayan seçimlerdir ve seçim ile deneyim arasında fazla zaman aralığı yoktur. Çünkü ZAMAN bu dünyada bizim idrak etmemiz gereken en büyük bilgilerdendir. Bu dünyanın en büyük illüzyonlarından biridir. Bu illüzyonu idrak etmek yaşamınızın tüm komutasını tamamen elinize aldığınızın göstergesidir.

Bizler istediğimiz eşyalara, maddi nesnelere yani oyuncaklarımıza ulaşıp, doya doya oyunlar oynarken bu oyunların içinde var olan bilgileri idrak etmek için bu dünyadayız!

Olasılıkların potansiyelleri sınırsızdır. Ve her birini ayrı ayrı yaşatmamız da imkânsızdır. Bu yüzden bu dünyada sadece işimize yarayanı, ihtiyacımız olanları seçerek, zamanın anlarında şekillendirerek ilerleriz. İstediğimiz deneyimleri her an seçerek bağ kurarız ve zaman aralığına göre de bazılarını daha erken yaşarız, bazılarının ise yaşamımızda şekillenmesi için belli bir zaman aralığının oluşması gerekir! Bazı seçimlerimizin deneyimini hemen yaşarken bazılarını bir saat sonra, bazılarını üç saat sonra, bazılarını gündüz, bazılarını akşam ve bazılarını da gece yaşarız. Günlük seçimlerimizin deneyimlerinin hemen hemen tamamını içgüdüsel olarak yani kontrol etmeye çalışmadan gerçekleştiririz. Çünkü içten içe, özden öze zaten gerçekleşeceğini biliriz. Ve olmayacak diye şüpheye düşmediğimiz için de ne istediysek yaşatayabiliriz. Fakat zamanın illüzyonuna düştüğünüzde, zaman kavramı uzadığında sisteme ve isteklerinize karşı şüpheye düşerek, seçiminizle bağınızı koparırsınız! Ya olmazsa şüphesine düşerek, yani duygu hapsine düşerek inançsızlığı yaşatırsınız. Ya olmazsa dersiniz. Zaman uzadığı için bir yanılgıya düşersiniz. Oysa sistem aynı şekilde çalışmaktadır. Ve sistem asla zaman aralığında değişmez! Çünkü sistem Tektir ve sadece Bir olan özkimliğe sahiptir. Bu yüzden de üç ay sonra, bir yıl sonra ya da bir yüzyıl sonra sistemin çalışma şekli asla değişmez. Siz sadece sistemin nasıl işlediğini bilin! İstediğinizi oluştururken özünüzde yani inanç bölgesinde düşünceniz ile bağınızı kurun! Sistem işlemezse diye şüpheye düşmeyin. İstekleriniz en doğru zamanda size ulaşacaktır! BİLİYORSUNUZ!

Zaman aralığında sistemin aniden değişmesi imkânsızdır! Değişirse ne olurdu biliyor musunuz? Evren ve içindeki her şey bir anda içine çökerek hiç olurdu. Yani doğa ve biz insanlar da hiç olurdu. Bu yüzden şüpheye düşmenize gerek yok özler! İstemediğiniz şeyleri istemeye istemeye, sıkılarak ya da acı çekerek yaşamanıza gerek yok! Sadece Yaradan'ın Zıtlıkların Sistemini bilerek, özkaynağından ayrılma yeterli. O'nun adaletine güvenerek ve kendi hakkın olan özbilincini kullanarak sistemin mükemmelliğine inan yeter!

Özünde olan bir insanın, istek ve arzusu neyse, heyecanı ve kalbi orada atarak titreşir. İnsan için en kıymetli yer, o arzunun attığı kalp alanıdır! Yani heyecanınızın, arzularınızın, isteklerinizin olduğu alandır. Bu alan inanç alanıdır. Burada inançsızlık alanında olan, duygu hapsinde kalmış, bağımlısı olduğunuz arzu yanılgılarınızdan bahsetmiyorum. İnsanlar genelde duygu hapislerinin olduğu sapkınlık alanıyla, özgürlük alanını karıştırıyor. Özgürlüğün olduğu yerde sadece inanç vardır ve burası özkaynağın olduğu alandır. Şüphesiz ki o alanda gizli saklı yapmaya çalıştığınız ya da bağımlısı olduğunuz şeyler yoktur. Özkaynağın olduğu yerde yani özgürlüğün olduğu yerde asla yalan yoktur. Tek taraflı bir kazanç yoktur yani insanları kandırmaya çalışan bilinçsizlik yoktur. Dolayısıyla yeni bilinçte isteklerinizi yaşatacağınız olasılıklar da yoktur!

Özgürlük, kendi hislerimizi, özbilincimizi kullanarak heyecanla yaşatmaktır!

İsteksizce yaptığınız şey, sıkılarak yaptığınız her şeydir. Ve sıkılarak yaptığınız her eylemin içinde şüphe ve inançsızlık vardır. Bu şüphe ve inançsızlıkla yaşamlarınıza sadece istemediğiniz olayların deneyimlerini çekersiniz.

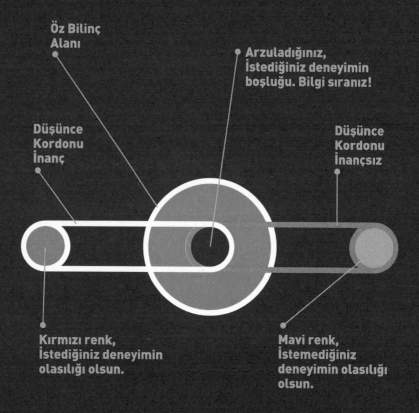

Öz Bilinç Alanı

Arzuladığınız, İstediğiniz deneyimin boşluğu. Bilgi sıranız!

Düşünce Kordonu İnanç

Düşünce Kordonu İnançsız

Kırmızı renk, İstediğiniz deneyimin olasılığı olsun.

Mavi renk, İstemediğiniz deneyimin olasılığı olsun.

İstediğiniz deneyimlerle istemediğiniz deneyimler arasındaki düşünce kordonunu an be an değiştirebilirsiniz. Bu noktada yapmış olduğunuz inançta olma ya da olmama seçimi bu kordonun an be an yönünü değiştirir! Özel yaşamınızda ve işinizde almış olduğunuz tüm kararlar seçimlerinize göre şekil alır ve seçimin yönüne göre deneyim yaşanır!

Olasılıklar Alanında Kurduğumuz Kordon Bağı Tam Olarak Nedir ve Nasıl İşliyor?

Bu kordon bağı, düşünce bağıdır! Alın lobumuzdan ilerleyen düşüncemiz yoluyla, olasılıklar arasından seçimlerimizle KORDON BAĞI kurarız! Tüm potansiyellerin ortada sergilendiği bu alanda istediğimiz ve istemediğimiz tüm seçimlerin olasılıkları vardır. Bu yüzden de düşüncemizle kurduğumuz kordon ve bu bağın gücü çok önemlidir! Çünkü bir gün içinde yüzlerce seçim yaparız. Hatta yapmış olduğumuz seçimleri tekrar tekrar değiştirebiliriz. İstediğiniz deneyimin size ulaştığı ana kadar, o isteğinizin seçimini ve olasılığını değiştirebilirsiniz. Bu seçimini değiştirme hakkına insanoğlu sahiptir! Bu yüzden seçimlerimizin kordonu da sürekli olarak değişiklik gösterir! Yani biz seçimlerimizi değiştirdikçe düşüncemiz de kordon bağını değiştirir!

Siz bir isteğinizi otuz kez değiştirdiyseniz, düşünceniz de otuz kez kordon bağını değiştirmiştir! Aynı zamanda bu kordon, sizin özünüzde olup olmamanıza göre de yer değiştirir.

Dolayısıyla kurduğunuz kordon bağları, sürekli olarak her bir andaki seçimlerinize göre değişen bir yapıdadır. Bu yüzden seçimlerinizin kalitesini yani netliğini oluşturmanız, hem zaman açısından hem de sizde oluşacak karışıklık nedeniyle oldukça önemlidir. Çünkü asıl mesele bu bağları atmak değildir. Yani asıl mesele düşünmek değildir! Geçmiş yaşamlarımızda, anlarımızda çok fazla düşünce hapsinde bulunduk, şimdi harekete geçme zamanıdır. Konuşup eyleme geçmeme zamanı bitti, düşünüyormuşsunuz gibi yapmak bitti, duygu hapsinde geçmiş ve gelecek kaygılarıyla bağ kurmak bitti. Kısaca sürekli olarak inançsızlık seçimi ile istemediğiniz deneyimleri yaşamak bitti. **Artık yeni çağın biz insanlardan istediği şeyi gerçekleştireceğiz! Bu yüzden hazır olmalıyız!** Yaşamlarımızı sürerken bir şeyleri gerçekten isteyip istemediğimize çok dikkat etmeliyiz. Çünkü çoğu zaman duygu hapsine düşeriz, arzuladığımızı sandığımız şeyin aslında bir saplantı olduğunu ayırt edemeyebiliriz. Bu da zaman kaybına neden olur. Boşa geçmiş ömürleri, anları oluşturur!

Ne istiyorum, içimdeki öz arzu nedir? Bu soruyu kendinize net bir şekilde cesaretle sorun. Ve cevabı bilin!

Zaman bir illüzyondur. Bu illüzyonun anlarını doya doya yaşamayı mı, yoksa bu illüzyonun hapsini seçerek, yoksul ve yoksun bir şekilde yaşamayı mı tercih edersiniz? Seçim özgür iradeye sahip olan senindir.

Zaman illüzyonu bu dünyadaki zaman kavramının anlarla uzayabilmesinden kaynaklanır! Genelde yanılgıya ve şüpheye düştüğümüz konu, zaman aralığıyla ilgili oluyor. Bir şey istiyoruz, bir şey arzuluyor ve bir hafta, bir ay, altı ay gibi bir zaman aralığı girdiğinde neden olmadı şüphesine düşüyoruz. Oysa istekleriniz size zamanın anlarında şekillenerek gelmektedir. Zaman sabit olsa ya da zamanın anları, haftaları, ayları olmasa bırakın istediğimiz bir deneyimi yaşamayı, bir an bile hissedip yaşayamazdık! Zamanın var olması için ANlarda katlanması gerekir! İstediğiniz şey, sizin hazır olup olmadığınıza göre zamanın anlarında şekillenir. Eğer bir deneyim size hemen ulaşmıyorsa bilin ki henüz hazır değilsiniz yani o deneyimi yönetecek güçte değilsiniz! Bu arada sistem, sizin hazır olmanızı sağlayan deneyimler gönderecektir! Ve sizi hazırlayarak güçlendirmeye başlayacaktır. Peki, isteklerimizi kendimize çekmek için nasıl hazırlanırız? Düşünerek mi hazırlanırız? Düşüncemiz ile mi çekeriz? Son iki soruya da yanıtım kocaman bir HAYIR!

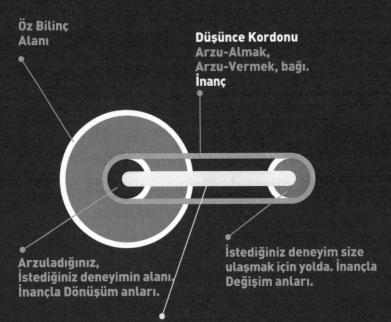

Öz Bilinç Alanı

Düşünce Kordonu
Arzu-Almak,
Arzu-Vermek, bağı.
İnanç

Arzuladığınız,
İstediğiniz deneyimin alanı,
İnançla Dönüşüm anları.

İstediğiniz deneyim size
ulaşmak için yolda. İnançla
Değişim anları.

**Özümüzdeki Bilgiler, Özbilincimiz,
AŞKlarımız, Yeteneklerimiz. İnanç**

Düşünce kordonu sayesinde istediğiniz, istemediğiniz
tüm seçimlerin deneyimini yaşatabilirsiniz! Fakat
biz insanlara istediği deneyimleri yaşatan yer inançla
bağlanabildiğiniz alandır! İnançla bağlandığınız
alanda (iç içe geçmiş korku, eksi (-)) özbilincinizi
kullanarak aşkla insanlara hizmet etmek
istersiniz. AŞKlarını (özbilincini) çalıştırdığın,
kullandığın için aşk dolu hizmet edebilirsiniz! Ve bu
güç ile istediğiniz deneyimi (iç içe geçmiş sevgi, artı
(+)) kendinize çekerek yansıtırsınız! Çünkü aşkların
olduğu yerde korkunuzu hapsetmeden cesaretle
dönüştürürsünüz. Bu yüzden de istediğiniz
deneyimin değişimi (sevgi) size ulaşacaktır. Böylece
yeni bir bilgi heyecanıyla özbilinciniz, korku ve sevgi
tamlıklarını birleştirmek için heyecanla, titreye
titreye size çekilecektir!

Düşünce Kordonu ile İstediğiniz Deneyimleri Kendinize Çekemezsiniz!

Birçok şeyde olduğu gibi bu da dünyadaki çoğu insan tarafından yanlış biliniyor. Çünkü düşünce bir kordon bağıdır. Düşünce sayesinde olasılıkları yaşatabilme fırsatımız vardır! Fakat istediğimiz şeyi bize çeken şey özbilincimizdir.

Bildiğinizi sandığınız birçok şeyi unutun özler! Yeni bilgiye yer açın. Hakikat çok daha sade ve yalındır. Onu öğrenmek, yaşatmak kadar kolay olacaktır. Yaradan'ın mükemmel sistemi olan, iç içe geçmiş Zıtlıkların Sistemine yer açın!

Düşlemek özün arzusudur, yeni bilgisidir. Yani yeni Aşk'ıdır! Sadece özün Düşü olabilir! Düşünmek ise; ya günlük çözümlemelerinizi ya da geçmiş ve gelecek kaygılarınızı yansıtır. Özünden düşle yani arzula...

Düşünce; her yerde olan ve ortaya konulmuş tüm olasılık potansiyellerine olta atar! Tıpkı anne ve karnındaki bebeğin arasındaki kordon (göbek bağı) gibi bağ görevi yapar! Bu kordon sayesinde istediğimiz deneyimleri bu dünyada yaşatabilme gücüne sahip olabiliriz. Ve bu kordon sayesinde deneyimi kendimize çekebilme olanağına da sahip olabiliyoruz. Fakat atılan kordon bağı ile deneyimi kendimize çekemeyiz! Zaman illüzyonunda bize doğru gelmesi ve bizim o deneyimi yaşamamız için onu kendimize doğru anlarda çekmemiz gereklidir. Peki nedir onu kendimize çeken şey? Onu kendi yaşamımıza çeken şey, özümüzün içindeki bilgilerdir. Yani Özbilincimizdir! Sizler özbilincinizi kullandıkça, bilincinizin hacmi kadar çekim görevini üstlenen "güç kaynağını" oluşturmuş olursunuz. Bu yüzden isteklerinize ulaşmanın tek yolu, tek kaynağınız olan özbilincinizi çalıştırmaktır. Yani çekim gücünüzü çalıştırmaktır! Bu da insanlara aşk ile hizmet edeceğiniz anlamına geliyor! Bir taşla iki kuş, ne kadar şanslıyız değil mi? Hem insanlara hizmet ediyoruz, hem de bu sayede isteklerimize kavuşabiliyoruz!

Nerede doğduğunuzun, nerede bulunduğunuzun ve hangi imkânlara sahip olduğunuzun hiçbir önemi yok. Sadece sistemi bilerek yaşatın, yaşamınızdaki her şey isteklerinizle kuşanacaktır! Sadece sahip olduğun kaynağın yani özbilincinin kâinattaki en kıymetli ve değerli şey olduğunu bil. Bu kaynağı kullanmak seni istemediğin her şeyden alıp özel olduğun alana getirecektir. Bu alan senin öz merkezindir.

Düşünce kordonu, sizin inanç ve inançsızlık seçimlerinize göre her an yer değiştirir! Yani düşünce, kordon bağlarından koparak, değişmiş inanç seçimlere göre hemen yer değiştirir. Seçimlerinizi düşünceniz ile her an değiştirme hakkına, yüceliğine sahipsiniz. Yalnız sürekli fikir ve karar değiştirmek, istediğiniz olayın deneyiminin size ulaşmasını geciktirir.

Özünüz arzularınızı, isteklerinizi oluşturur ve düşüncenizi harekete geçirir. Düşünce ise olasılık potansiyellerinden istediğiniz deneyim ile sizin arzunuz, isteğiniz arasında bir kordon kurar. Anne ve bebek arasındaki kordonun; bebeğe besinleri, hisleri ulaştırması gibi özbilincimizi kullanmak da, istediğimiz deneyimi bize ulaştıran çekimin besin gücünü oluşturur! Böylece özbilincimizin hacmi ile olayı kendimize doğru çekerek zamanın anlarında yaşarız. Düşünce; hislerin, bilgi akımının akmasını sağlayan kordonu oluşturur. Düşünce kordonu sayesinde bu illüzyonu yaşayabiliyor ve isteklerimizi özçekim gücümüzle çekerek yaşatabiliyoruz. Bu kordon bağı bizi diğer tüm canlılardan ayıran o kutsal farktır! Böylece her şey iç içe geçerek birbirini beslemektedir!

Bize istediklerimizi yaşatacak olan şey AŞKlarımızdır! Biz insanların sahip olduğu tek kaynak AŞKtır! Yani özbilinçtir. AŞK; iki açı, iki taraf ile yaşanır! Fakat bu deneyimi hissederek yaşayabilmeleri "özhazne" sayesindedir! Şükür...

Ne istediğinin farkında değilsen isteklerin ve kararların sürekli değişir. Çünkü seçimlerin sürekli değişir.

Bilinciniz ne kadar fazlaysa o kadar hızlı bir şekilde deneyimi kendinize çekersiniz! Çünkü farkında olduğunuz daha fazla bilginiz vardır!

Yaradılışın meyvesi, Korku ve Sevgi duygularıdır. Bu iki duygu olmadan ne yaşayabilir, ne hissedebilir ne de hissetmeye devam edebilirdik. Yani ne isteyebilir ne de istediklerimizi kendi tercihlerimizle çekebilme fırsatına sahip olabilirdik. Bu iki öz duyguya sımsıkı sarılın ve onları asla ayırmayın! Çünkü onları ayırırsanız, birini diğerinden üstün tutarsanız dengeniz bozulur ve güçsüz kalırsınız!

Her zaman hayırlı olan olur. Çünkü her zaman doyumlu olmak, canlı olmak, isteklerini yaşatman için sana her an yeni bir şans verilmiştir! **Yaradan seni asla yarı yolda bırakmaz, bilgine ulaşmadın diye sana burada kal, hep yoksunlukta kal demez. O her zaman sana bir şans daha verir, bilgine sahip ol diye yeni bir olasılıklar verir! Özün senin için en hayırlısını yaşatır ve seni asla yalnız bırakmaz. O her yerde ve her an bizimledir!**

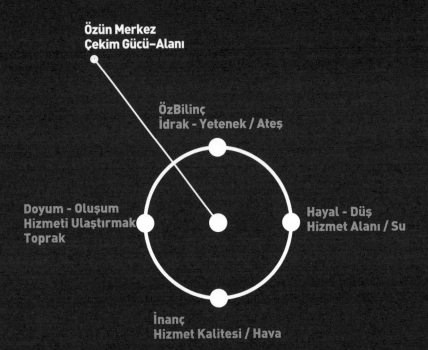

Özün Merkez
Çekim Gücü–Alanı

ÖzBilinç
İdrak - Yetenek / Ateş

Doyum - Oluşum
Hizmeti Ulaştırmak
Toprak

Hayal - Düş
Hizmet Alanı / Su

İnanç
Hizmet Kalitesi / Hava

Özkimliğiniz bedene yansır. Bedeni şekillendiren, elinizi, ayağınızı ve fiziksel yapınızı şekillendiren daha doğrusu yansıtan şey özkimliğinizdir! Bu yüzden herkesin özkimliğini yansıtan bir öz çiçeği yani farkı ve özgünlüğü vardır. Bu da bu dünyada olma amacını (hizmet alanını) belirler.

Özünün ve Yaşamının Yaşam Çiçeği!

Her bir insanın özkimliğinin tek noktada, tek merkezde yani tek özde başlayan bir yaşam çiçeği vardır! Bu çiçek her birimizin özbilincine göre şekillenir. Özümüzün yaşam çiçeğidir. Bu dünyada her bir insanın farklılıklarına, özgünlüklerine göre yaşam çiçeği şekil alır! Bu yüzden parmak izimiz, bedenlerimiz yani suretlerimiz farklıdır! Bu farklılık olmasa dünyada da çeşitlilik olmazdı. Yani her yerde tek tip bitkiler ve tek tip hayvanlar olurdu!

Özünüzde olup olmamanıza, özbilincinizi kullanıp kullanmamanıza göre bu yaşam çiçeğinin formu şekillenir. Yani ya dağınık, düzensiz, karmaşık bir yaşam çiçeğiniz oluşur ya da düzenli, ritmik, ahenkli bir yaşam çiçeğiniz oluşur! Atomlarınız, moleküler yapılarınız, DNA'larınız, hücreleriniz dolayısıyla bedeniniz bile bu çiçeğin oluşumuna göre ya dağınık ya da düzenli bir yapıda şekillenir! Yaşam çiçeğinizin dağınık ya da düzenli yapısına göre, işinizde ya da özel yaşamınızda aldığınız tüm kararlar buna göre yön alır! Yani dağınık bir yaşam çiçeğiniz varsa, yaşamınızdaki her şey de buna göre dağılacaktır.

Temel öz çiçek halkasının merkezden sonra 4 temel noktası, açısı yani ana taşıyıcısı vardır. Temelin ana taşıyıcılarının sağlamlığı çok önemlidir. Temel inanç sistemimizi anlatırken bu temelin öneminden bahsetmiştim. Bu temel yapı öz çiçeğinizle şekillenir. Peki, bu dört temel hangi bilinçle dengeli ve sağlam kalır? Bu dünyanın üç boyutlu tezahürü, ilk olarak dört ana taşıyıcıyla yapılanır. Bu dört ana taşıyıcı, dört elementten meydana gelmiştir. Ve hepsinin bağlandığı Tek ve Bir öz nokta vardır! Üç boyutlu dünyanın yaşam döngüsünü forma dönüştüre-

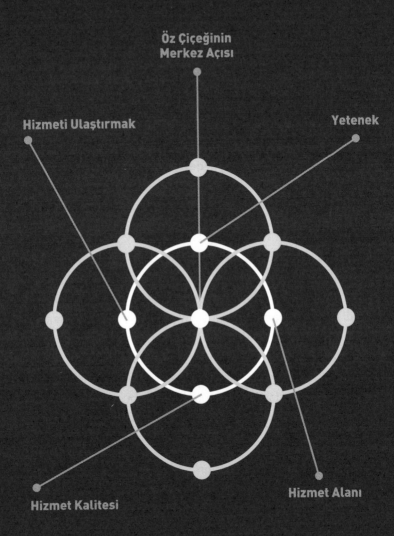

Öz Çiçeğinin Merkez Açısı

Hizmeti Ulaştırmak

Yetenek

Hizmet Kalitesi

Hizmet Alanı

Her bir kolon ayrı ayrı beslenmeli ve yapılandırılmalıdır. Sadece birine bile vermediğiniz önem, zaman içerisinde diğer taşıyıcıların da çökmesine neden olacaktır!

rek yansıtan, temeldeki dört element ve devamı olan katları sizin yaşam çiçeğinizin ritmine göre şekillenecektir. Ateş, Su, Hava ve Toprak. Bu dört temel özbilincinize göre var olur, genişler ve şekillenir. Dört ana taşıyıcı şöyledir:

1- ÖzBilinç / İdrak - Yetenek / Ateş

2- Hayal - Düş / Hizmet Alanı / Su

3- İnanç / Hizmet Kalitesi / Hava

4- Oluşum - Doyum / Hizmeti Ulaştırmak / Toprak

Kolonların dengede olması sizin dünyada olma amacınızı, özkimliğinizi bulduğunuz anlamına gelir! Ve bu idrak sizin bu dünyadaki spiral döngü hizanızı bulduğunuz anlamına gelir! Bu hiza insanoğlunun en önemli anlarının başlangıç hizasıdır! Çünkü bu hizayı bulduğunuzda insan olmanın son görevlerini yerine getirmeye başlayacaksınız! Sınırlılıktan sınırsızlığa bu hiza sayesinde geçebilirsiniz! Yani yaşam çiçeğinizi şekillendirerek geçebilirsiniz!

Bu dört başlık, tek merkezde başlayan özün ilk dört temel merkez noktasını oluşturan ana taşıyıcılardır! Bu taşıyıcılar, eşit derecede güçlenmeli ve beslenmelidir. Çünkü herhangi birinin zayıf ve güçsüz olması merkezin dengesini, uyumunu, ritmini bozacaktır.

Denge sizin genişlemeniz ve ilerlemeniz için gerekli olan şeydir.
Siz genişleyip ilerlediğinizde yaşamınızda istediğiniz kaynaklara
da ulaşmış olursunuz!

Her bir kolon ayrı ayrı beslenmeli ve yapılandırılmalıdır. Sadece birine bile önem vermediğinizde bu zaman içinde diğer taşıyıcıların da çökmesine neden olacaktır! Her birine yeteri kadar emek ve önemin verilmemesi o taşıyıcıların güçlendirilmemesi anlamına gelir. Bu da yoksunluğu besleyen şüphe ve endişe temelli bilinçsizlikten kaynaklanır, yani inançsızlıktan kaynaklanır. Temel yapınızın sağlam ve güçlü olmasını istiyorsanız inancınızın net olması gerekir. Şunu unutmayın: Bu ana taşıyıcılar sizi yıllar boyunca taşıyacak güçte yapılanmalıdır. Tabii ki kendi öz gelişiminiz ve hizmetinizin gelişimi için uzun soluklu bir yaşam yolculuğuna çıkmak istiyorsanız! Özbilincinizin, yaşamınızın, işinizin ve markanızın gelişimi ancak bu dört ana taşıyıcının güçlü olmasıyla gerçekleşir. Ana taşıyıcıların değeri, onu taşıyan bilincin inanç gücüyle oluşur. Ana taşıyıcıların zayıflığı, özün dengesizliğinin yani zayıflığının göstergesidir. İnancınızın gücüne göre ya dağınık, güçsüz bir yaşam çiçeğiniz ya da düzenli, güçlü bir yaşam çiçeğiniz şekillenecektir. Bu çiçeğin yapısında özkaynağın gücü ve bağları bulunur!

DENGE...

- **Almak** (bilgi idrakı)
- **Dönüşüm** (bilgiyi kullan)
- **Kazandırmak** (hizmet et)

- **Vermek** (bilgi paylaşımı)
- **Değişim** (yaşamında, işinde deneyimle hisset)
- **Kazanmak** (doyum)

Denge sizin genişlemeniz ve ilerlemeniz için gerekli olan şeydir. Siz genişleyip ilerlediğinizde yaşamınızda da istediğiniz maddi-manevi kaynaklara ulaşmış olursunuz. Dengenizin gücü sizi hislerle besleyecektir. Bu dört ana taşıyıcı sizin oluşturmuş olduğunuz denge ve ritim içinde kendi temel taşıyıcısının

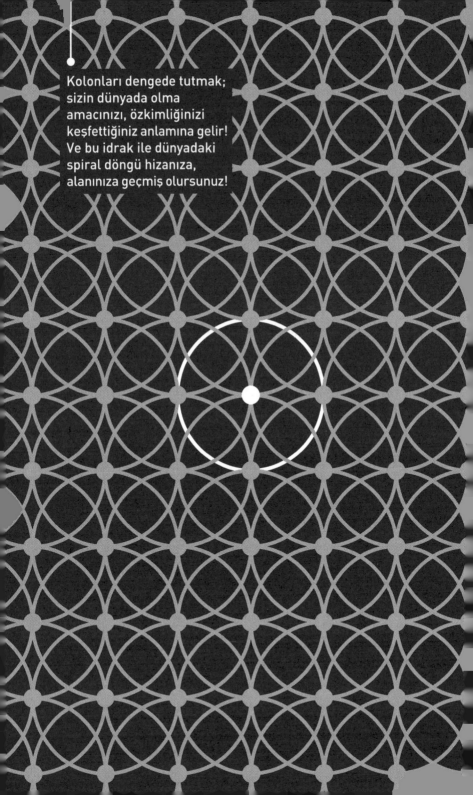

Kolonları dengede tutmak;
sizin dünyada olma
amacınızı, özkimliğinizi
keşfettiğiniz anlamına gelir!
Ve bu idrak ile dünyadaki
spiral döngü hızanıza,
alanınıza geçmiş olursunuz!

merkez açılarını oluşturacaktır! Böylece her bir merkez, kendini oluşturması için dengede kalarak kendi ritminin katları şeklinde genişleyecek ve her genişlediğinde de ilerlemiş olacaktır. Çiçeğiniz sistemde kendini otomatik olarak büyütmeye ve ana hedefe doğru ilerletmeye devam edecektir. Yeter ki bu dört temel yapınızı güçlü tutun! Sonrası kendi özkimliğinizin ritminde yol alarak şekillenecektir.

Özel yaşamınızı, iş yaşamınızı şekillendiren öz çiçeğinizin, dört ana taşıyıcısının güçlenmesi için:

Özkimliğinizin yansıması olan yeteneğinizin bilincinde olmanız gerekir. Bu idrak, içinizde sizi aşk ile çağıran ve ondan kaçamadığınız arzunuzun kaynağıdır. Yapmaktan heyecan duyduğunuz ve doyumlandığınız şey sizin özel yeteneğinizi belirler. Sizi besleyen hizmetin illa ki özel bir sanat ya da toplumda ön planda olan bir hizmet olması gerekmiyor. İşini aşk ile yapan özel bir seramik ustası da olabilirsiniz. Yapmış olduğum iç mekânların şantiyelerinde ve kendi şirketimde görevli, hayallerime ortak olmuş yüzlerce insanla çalıştım. İşine âşık bir sürü usta tanıdım. İşinden hiç memnun olmayan, daha yaptığı işi bile düzgün yapamayan ve gözü hep başka yerlerde olan çok insan da tanıdım. Şu anki işinizin, hizmetinizin ne olduğunun önemi yok! Yeter ki kendinize olan saygıyla hizmetinizi aşk ile yapın ve karşı tarafa bunu sunun. İşinden memnun değilsen, seni çağıran aşkın bir hizmeti yoksa, gözün hep başka işlerde ise tam şu anda dur ve kendini sorgula lütfen. Daha beğenmediğin işinin hizmetini bile layıkıyla yapamıyorsan, nasıl olacak da daha farklı bilinç gerektiren bir hizmeti üstlenerek insanlara aşk ile hizmet edebileceksin? İşinizi layıkıyla yapıyor ama ondan sıkılmaya başladıysanız, bir türlü harekete geçemiyorsanız, içinizde sizi çağıran başka bir hizmetin aşkı varsa o zaman artık kalkıp harekete geçme zamanıdır. Ya da bir işi yapıyor, ama öylesine, hissetmeden, aşk ile yapıyormuş gibi davranıyorsanız sadece kendinizi kandırmış olursunuz ve tüm insanlar da o işi aşkla yapmadığınızı hissederek bilirler! Zaten siz istesiniz de istemeseniz de yeni çağın bilincinde, olduğunuz yerde takılıp kaldıysanız harekete geçmeniz ve gerçekten aşkla yapacağınız işi bulmanız için karşınıza yeni deneyimler çıkacaktır!

Üstesinden gelemediğiniz ve haddiniz olmayan işleri yapmaya çalışmak, istemediğiniz işleri yapmaya çalışmak, birinci ana taşıyıcınızın gücünü zayıflatır. Yeteneklerinizin bilincini, sizi istediğiniz şeyleri yapmaya sürükleyen hisleri sunarken, hizmet edeceğiniz alanın ve hizmetin özel amacının ne olacağının tespiti yapılır.

Size kendinizi özel hissettiren şey, en çok yapmaktan keyif ve heyecan hissettiğiniz şeylerdir. Bu keyif ve heyecan, kimliğinizi ve yapmak istediğiniz hizmetin ne olacağını belirler. Böylece aşk ile hissedilen özel bir hizmet alanı ve bu hizmetin özel bir amacı ortaya çıkacaktır.

Hizmet alanınızda olmayan bir hizmeti para odaklı bir bilinçsizlikle sergilemeye çalışmak, ana taşıyıcınızın merkezinden uzaklaştığınızı böylece güçsüzleştiğinizi gösterir. Çünkü orada sizin yeteneğiniz ve özkaynağınız yoktur. İnançsızlık bölgesinde şüphe ve endişeleriniz vardır. Bu durumda taşıyıcınız zaman içinde çökecektir. Kendi yeteneklerinizi, farkınızı yansıtmaktan şüphe duyarsanız, gücünüzden ve Yaradan'ın adaletinden, özkaynağından şüphe duymuş olursunuz. Sen sisteme nasıl bakarsan o da sana aynı şekilde bakarak karşılık verecektir. Çünkü isteğin senin seçim hakkına göre şekillenir. Tek taraflı bir kazanç elde etmek kendi özbilincinden utanmak ve böylece kendinden şüphe etmektir. Bu yüzden farklı açılara kayarak, hep ben kazanmalıyım endişesini kendinize yaşatarak eziyet çekmenize gerek yok!

Hizmetinizin ya da hizmetinizin yansıması olan ürünün ne olduğu ile diğer insanlar arasında bir bağ kurarsınız. Özünüzdeki hisleriniz hizmetinizin kalitesine yansır ve hizmet ettiğiniz insanlar da hemen bu kaliteyi hissederler. Hizmetinizi sunduğunuz her insan bir özkimliğe sahip olduğu için şüphesiz ki ayırmadan, ayrımcılık yapmadan hizmetin kalitesini hak eder! Tabii ki hizmetinizin ne olduğuna göre hizmet edeceğiniz kişiler de değişkenlik gösterir. Hizmetin kalitesi, gücünüze ve özünüze olan inancınızı temsil eder! Kendinize inanmaktan, sisteme inanmaktan vazgeçmeyin. Çünkü siz kendi özünüze inanmazsanız otomatik olarak etrafınızda kim varsa onlar da size inanmayacaklardır. Hizmetinizi sunarken size yardımcı olarak hizmet eden insanlar da size inanmayacaklardır. Ve inanmadıkları için de size inançsız, kalitesiz bir hizmet sunacaklardır! Bu da ürününüze yansıyacaktır. Yani her şey sizde başlar ve sizin olduğunuz alana göre, size geri döner! Siz kendinize inandığınızda, sizin hayallerinize hizmet eden insanlar da sizin gücünüze inanarak hizmetinizin daha kaliteli olması için kendi kimliklerini ortaya hiç şüphe etmeden koyacaklardır!

Oluşan hizmetin ürünü, hedef kitleye berrak ve net bir şekilde ulaştırılmalıdır. Yani arada bu berraklığı bozan kişiler, aracılar olmamalıdır! Ulaştırmış olduğunuz hizmetinizi dönüşerek gerçekleştirecek, yaşanılır kılacak olan son noktadır. Artık yaşamınızda hangi insanlara ve nasıl hizmet ettiğiniz, onları ne ile nerede beslediğiniz belirlenmiş, bu size ve karşı tarafa doyum sağlayarak her iki tarafı da dengede beslemiştir. Bu doyumla kaynağınız size ulaşmaya başlar.

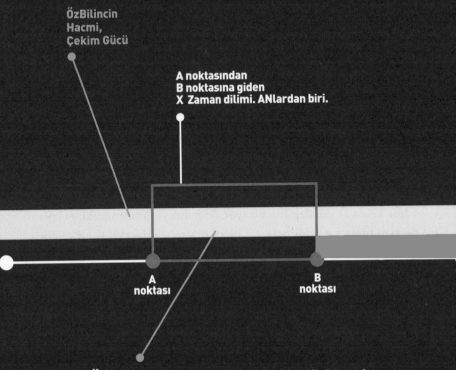

ÖzBilincin Hacmi, Çekim Gücü

A noktasından B noktasına giden X Zaman dilimi. ANlardan biri.

A noktası

B noktası

Örnek: X zaman diliminde 5 bilinçlik hacmin çekim hızına sahip olan bir özbilinç. Bilinciniz arttıkça çekim hacminiz dolayısıyla çekim gücünüz artacaktır! Yani özçekim hızınız artacaktır!

Özünün Hızlı Dönüşme Sabırsızlığı!

İsteklerimizin olması için sabırsız davranırız. İçimizdeki heyecanla her şeyin hemen şekillenmesini, hayatımıza yansımasını isteriz. Oysa henüz o isteğini kaldıracak kapasiten yani gücün oluşmamıştır. Bu yüzden de özün önce o güce sahip olmanı sağlayacak deneyimleri senin için oluşturur. Bu deneyimlerin yaşamınızda şekillenmesi için elbette zamana ihtiyaç vardır.

Yaşamlarımızda henüz hazır olmadığımız yükleri kaldırmaya çalışarak kendimizi yorarız. Hem özümüzü ve manevi kaynaklarımızı hem de bedenimizi ve maddi kaynaklarımızı yorarak tüketiriz! Bu yüzden istemediğimiz sonuçları yaşamımıza çekeriz. Defalarca bahsettiğim gibi sadece sahip olduğumuz hakkın çekim hızına sahibiz. Hızlanmaya çalışmak, kendi hakkınız olmayan yükleri almak sizi sadece yavaşlatır!

Zamanın anlarını ne uzatabilir ne de kısaltabilirsiniz. Zaman senin özbilincine göre akar! Sabırsız olmak, henüz bilinç olarak ve bedensel olarak hazır olmadığınız bir yükü kaldırmaya çalışmaktır. Ancak kendi özbilincin kadar zamanda akabilir ve kendi bilinç seviyene göre yükünü taşıyabilirsin. Yeniçağın bilincinde, istediğin deneyimleri yaşamak istiyorsan ne eksik bilinçte olmalısın ne de fazla. Ne taşıyabildiğin sorumluluğundan kaçabilirsin, ne de henüz taşıyamayacağın bir bilincin sorumluluğunu üstlenebilirsin.

Hızlı büyümeye, acele etmeye çalıştıkça tam tersi bir çaba içerisinde olursunuz. Dolayısıyla yavaşlarsınız! Özbilincinizin, yaşamınızı hareket ettiren "çekim gücü" vardır. Bu çekim gücü hacminiz kadar yani özbilinciniz

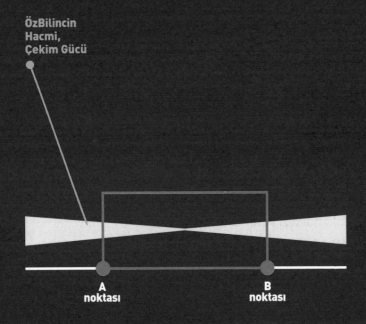

ÖzBilincin Hacmi, Çekim Gücü

A noktası

B noktası

X zaman dilimindeki ANlarda hareket ederken, A noktasından B noktasına, 5 bilinçlik hacmin çekim hızına sahip olan bir özbilinç, saatte 20 bilinçlik hacmin çekim hızı ile geçmeye çalışırsa, 5 bilinçlik çekim hızını 5/4'lük çekim hızına düşürür! Bu yüzden X zaman dilimini 5/4'lük çekim hızına düşürerek geçiş yapmış olur. **Yani sizin özbilincinizin bir çekim gücü ve bu gücün zamanın anlarında ilerleyebilen bir hızı vardır! Zaman bu yüzden görecelidir! Bu gücün dışına çıkar ve hızlandırmaya çalışırsanız sadece ortak alandan kopar daha fazla yavaşlamış olursunuz.** Bu da X zaman diliminde yaptığınız işlerin tüm kararlarını etkileyecektir. İşte bu yüzden yaşamınız için yanlış kararlar alırsınız. Böylece isteklerinizi çekme hızınız da düşerek yavaşlar!

kadar genişleme ve ilerleyebilme hızı ve alanı oluşturur. Ve bu çekim gücüne göre üç boyutlu yaşamımızda deneyimler şekillenir!

Bir şeyleri zorlayarak sabırsız davranmak sadece var olan potansiyelinizin gücünü azaltır, hızını yavaşlatır. Yapmak istediğiniz şeyin tam tersini yapmaya başlarsınız yani istemediğiniz şeyleri çekmeye başlarsınız. Zamansızlığa düşerek yönünüzü geriye çevirmiş olursunuz. Bu da o zaman dilimlerinde yaşamınız ve işiniz için yanlış kararlar aldığınızı gösterir. Çünkü var olan potansiyel bilinciniz, siz hızlanmaya çalıştıkça gerileyerek daralır. Böylece özbilincinizin gücü de zayıflamış olur. Bilincinizin gücü zayıfladığı için de yaşamınızda ve işinizdeki hedefleriniz için doğru kararı verecek bilince sahip olmazsın! Bu yanlış kararlar ve uygulamalar ile yaşam amacınız, hedefiniz, hizmetiniz yolundan çıkarak yön değiştirebilir.

Ancak kaldırabileceğimiz ağırlıkların yükünü kaldırabiliriz. Daha fazlasını üstlenmeye çalışan sizin bilinçsiz yönünüzdür. Sahip olduğun tek hakkın, sorumlu olduğun tek haktır. Ve bu sorumluluğun hakkı senin özbilincindir. Ancak özbilincinin hacmi ile yük taşıyabilirsin. Çünkü o kadar güçtesindir! Sorumlu olduğunuz tek şey, bu güç ile hedefinizde hizmet ederken, ilerlerken kendi özbilincinizin hacmi kadar yük almaktır! Bu yükler sizin yolunuzdaki oyuncağınız olmalıdır. Bu yüzden heyecanla yaptığınız ve keyif aldığınız hizmetin işini yapmalısınız. Sıkılarak yaptığımız tüm eylemlerde heyecan ve keyif yoktur, bu yüzden özbilincimiz de yoktur. Dolayısıyla bizi besleyen oyuncaklarımız da yoktur. Olduğunu sandıklarınız da sizi beslemeyen yanılgılarınızdır!

Kapasitenizin, var olan potansiyelinizin üzerinde işler yapmaya çalışmak sizi sadece yorar ve bitkin bırakır. Diğer tüm anlarınızın hazzını yaşamamanıza neden olur ve yaşama karşı umudumuz kırılır. Yani kendinize karşı umudunuz kırılır. İşte bu yüzden özel yaşamında ve hizmetinde ihtiyacın olduğu ka-

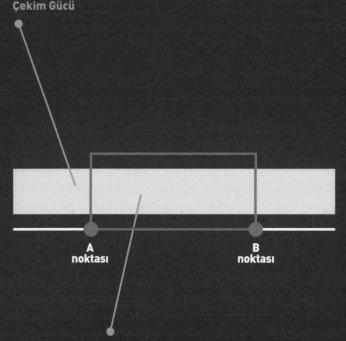

Çekim Gücü

A
noktası

B
noktası

Bilincin doldukça, bilgin arttıkça hacmin ve çekim hızın da artar. Böylece daha geniş, kendi yolunda ilerleyen bir HİZMETİN olur!

dar, kendi özbilincinin hacmi ile ilerlemelisin!

Bilinçsizce istediklerimize bir an önce ulaşmayı arzulamak, tıpkı bir aylık sporumuzu bir gün içinde yapmaya çalışmak gibidir ya da bir aylık yiyecek ve içecek ihtiyacımızı bir günde almaya çalışmak gibidir. Her şeyimiz ne eksik ne de fazla olmalı. Dengede kalarak bize ait özbilincin çekim hızı ile yaşamlarımızı yaşamalıyız. Çünkü dengede kaldığınızda ihtiyacınız olan her şey tek tek karşınıza gelecektir!

Bir şeyi olması gerektiğinden çok daha hızlı ilerletmeye çalışmak, kıskançlık ve şüphe temelli duygu hapislerini barındırır. Bu tuzaktır ve sizi duygu hapsine düşürür. En güzel genişleme ve ilerleme sizin sahip olduğunuz bilincinizin gücü ile gerçekleşir. Siz olarak, özgün olarak, farklı olarak yol almakla gerçekleşir. Bu da sizi doyumlu yapar. Ancak kendi bilincinin hızı ile yol almak seni doyuma ve yaşam çiçeğine ulaştırır!

Henüz var olmayan bilginizi varmış gibi kullandığınızda kapasitenizin çözemeyeceği olaylar size çekilir. Sonuç olarak paniğe kapılır, strese düşer ve yanlış kararlar verirsiniz. Bu kendini tuzağa düşürmekle aynı şeydir. Bu tuzağı bilinçsizce davranarak kendinize siz kurmuş olursunuz!

Unutmayın, siz bir şeyleri sımsıkı tutuyorsanız, karşınızda olan yansımalarınız da o şeyi sımsıkı tutuyordur! Sizin için ortaya konulmuş tüm potansiyeller de sizin gibi sımsıkı tutuyordur! Yani etki ve tepki olayı yaşanıyordur. Bunu yine kendi kendimize bizler yaparız. İsteklerinizi sımsıkı sarılarak tutmanın, yaşamlarınıza yansımasını geciktirmekten başka bir işe yaramadığını çok net ifade etmek isterim. Sen tutuyorsan sistem de karşı taraftan tutuyordur. Kendi hattınızda, yolunuzda ilerlerken isteğiniz için yapmanız gereken tek şey hizmetinizi aşk ile sunup kendinizle ilgilenmektir. İstediğiniz şeyin en doğru zamanda size gelerek kapınızı çalacağına inanın yeter!

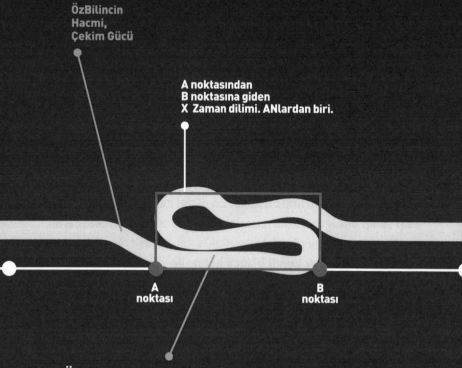

ÖzBilincin Hacmi, Çekim Gücü

A noktasından B noktasına giden X Zaman dilimi. ANlardan biri.

A noktası

B noktası

Örnek: X zaman diliminde 5 bilinçlik hacmin çekim hızına sahip olan bir özbilinç. Özbilincinizi kullanmazsanız zamanın anlarında hapsederek orada sıkıştırırsınız!

Özünün Dönüşme Şüphesi!

İsteklerimizi ve arzularımızı öyle güzel bastırırız ki çoğu zaman kendimiz bile bunun farkında olmayız. Bu yüzden içten içe sürekli bir balon gibi şişerek kibirli ve inançsız davranırız. Hacimliymiş gibi davranırız, başka insanları hor görürüz. Farkında olmasak da hiçbir şey yapmadan hep almak isteriz. Vermek istemedikçe de balon gibi şişeriz. Bu paylaşmaktan, vermekten, ilerlemekten ve değişmekten korkan bir bilinçsizliktir. Bu bilinçsizlik, ukala insanlar gibidir. **Böyle kişiler her şeyi bildiğini zanneder fakat kendi bildiklerini bile uygulama ve yaşatma cesaretinde olmazlar! Yani kendini yaşatma inancında olmazlar! Var olan potansiyellerini kullanmaz, sürekli kendi sorumluluklarından kaçarlar. Kendi özbilinçlerinin sorumluluğundan kaçarlar. O sorumluluk onlara bir yük gibi gelir. Yani sahip olduğu tek kaynağı ona yük gelir! Her şey hazır olarak önünde şekil alsın ister.**

Değişime direnmek, yaşamınızda ve işinizde ilerlemeye çabalarken bilincinizin yeteneklerini hapsetmektir. Vermek istememektir. Bu sıkışıklıkla, şişkinlikle doluymuş gibi olma yanılgısına düşerek her şeyi bildiğinizi düşünürsünüz. Ve her şeyi bilen edanızla başkalarının deneyimlerini, yaşam şeklini, işinin hizmetini eleştirip yargılarsınız. Başka insanlar tarafında yapılan o başarılı işleri, fikirleri kendinizin de düşündüğünü söylersiniz! Bu gerçekleştiremediğiniz boş bir balondur yani laftır. Çünkü inanç alanında olmadığınız için, cesaret edemediğiniz için o deneyimin olayını yaşatamamışsınızdır. Ya da yapabilecek özbilince zaten sahip değilsinizdir!

Yeniçağ bilincinde verememek en büyük tuzaktır! Kendi isteklerinize giden yolda sıkışıp kalmak ve özbilincinizi çalıştırma-

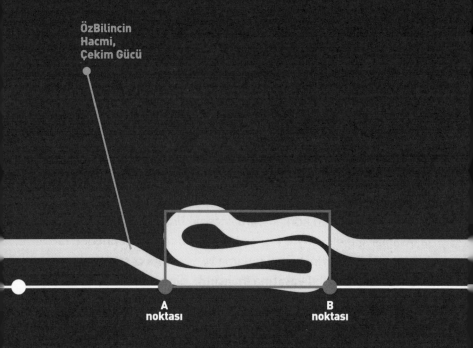

ÖzBilincin Hacmi, Çekim Gücü

A noktası

B noktası

Özbilincinizi kullanmazsanız zamanın anlarında hapsederek orada sıkıştırdığınız için kendinizi sahip olduğunuz özbilincinizden çok daha fazlaymış gibi göstermeye çalışır ve hakkınız olmayan işin hizmetini yapmaya çalışırsınız! Çünkü evrendeki titreşiminizden çıkarak kendi bütünlüğünüzü besleyemediniz! Özbilincinizi kullanmadığınız, sürekli zamanın hapsinde duygu ve hislerinizi esir ettiğinizde kıskançlık, nefret ve tüm yoksunluk hislerini beslemiş olursunuz! Böylece kendinizi ayırır ve yargılarsınız! Bu yüzden de başka insanlar da size aynı yoksunlukla karşılık verir. Tabii ki siz de başkalarına karşı yoksunlukla bakmış olursunuz!

maktır. Yaşamınızda, işinizin hizmetinde yeni olasılıkların olanaklarını, fırsatlarını kısaca özkaynağın kapısını kapatmışsınızdır!

Dönüşümü gerçekleştirip değişimi sağlamazsanız doyuma da ulaşamazsınız. Oysa tüm potansiyellerin, deneyimlerin, bilgilerin sürekli olarak her yerde olduğunu bilmek, paylaşmayı sağlar, cimri bir tutum sergilemeden, şüphe etmeden, cesaretle dönüşmeyi sağlar!

Verdiğin kadar alabilirsin. Vermek, almanın bereketini oluşturur! Aldığınız şey bilgidir. Ve o bilgi sizin bu dünyadaki maddi kaynağınızı da oluşturacaktır. Dengede vermek paylaşmaktır, katlanarak çoğalmaktır! Özünüzün yansımalarını, yeteneklerini, farkını paylaşmaktır. Kendinizi yansıtmaktan, paylaşmaktan çekinmeyin, bu güçlü bir hazdır, doyumdur. İnsanlara hizmet etmemek paylaşmamaktır! **Paylaşmamak, vermemek, haznenizin devridaimini engeller. Böylece iç hazneniz kirlenir ve hayatı berrak bir biçimde göremezsiniz. İnançsız kalırsınız ve sürekli yanılarak etrafı yargılarsınız.** Bu sizi sıkılmış ve gergin hissettirir. Sıkılarak ve gergin bir senle istediğin olayları yaşatamazsın. Heyecan yoksa ne doyum ne de istediğiniz deneyimler oluşur.

Hizmet ederek sıkışmışlıktan kurtulup, duygularınızı, hislerinizi, özgünlüğünüzü, farkınızı yaşatma cesaretini göstererek arzu ettiğiniz doyumlu bir yaşama ulaşabilirsiniz. **Devridaim olan her şey sistemle uyumludur. Sürekli yenilenirler. Hem alarak hem de vererek haznelerinizi sürekli taze ve berrak tutarlar! Yani inançta özkaynağa tutunurlar!**

Sorumluluk sahibi olmaya çalışmak; başka özlerin sahibi olduğunu zannetmektir. Sorumlu olduğun tek şey kendi özündür. Bu sorumluluk, sahip olduğun hislerini yaşatmandır!

Çocuklarımız Doğuştan İnançlıdır!

Bu dünyaya algılarımız berrak bir şekilde doğarız. Bu berraklık en güçlü yanımızdır. Ve bu güç artık bildiğimiz gibi inançtır! İçgüdüsel olarak özümüzde doğarız. Berraklık algılarımızın, hislerimizin güçlü olduğunun göstergesidir. Çünkü henüz inançsızlıklara düşüp, alanımızı bulanıklaştırmamışızdır. Hislerimizin gücü, inancımızı, özümüzü yaşatma cesareti ve farkımızı dönüştürme imkânları verir. Bu, çocukların doğuştan sahip olduğu yetenektir. Çünkü onların öz hazneleri kirlenmemiştir! Ve bu yüzden de istediklerini yaşatabilecek güce sahiptirler. Bu da onların doğuştan süper GÜCE sahip olduklarını gösterir! Gerçekten çocuklar kısıtlanmadıkları sürece süper güce sahip ve dünyanın kahramanlarıdır. Dünyanın bilincini, inancını onlar dengelerler!

Çocuklarımızın güçlerini, inançlarını ellerinden almayalım, onların alanlarını kirletmeyelim. İnanın onlar bizden daha güçlü, inançlı dolayısıyla daha bilinçliler. Bu yüzden onlar gidecekleri yeri hem içgüdüsel olarak, hem de inançlarından aldıkları güçle zaten bilirler! Onları özgür bırakın, bırakın ki kahramanlıklarını oyun oynayarak, zıplayarak yaşatsınlar.

Saf ve berrak hisleri olan çocuklarımızı daha gelişimlerinin ilk yıllarından itibaren kirletiriz. Annesi, babası, ailesi, çevresi ve toplum olarak her gün bu berrak özün içine "Yapamazsın, olamazsın, böyle olmalısın, şöyle görünmelisin" zehrini ve yoksunluğu katarak kirletiriz. Çoğu insan da çocuklara samimi ve içten değil endişe ve korkularıyla yaklaşır, "öyleymiş gibi, böyleymiş gibi" davranarak onların alanlarını karıştırarak karmaşaya sokarlar! Böylece çocuklarımızın güçlerini yok etmeye başlayarak onları güçsüz bırakırlar! Onların kendi farkını, özlerini, özelliklerini, mükemmelliklerini yaşamalarına izin vermezler. Kendi merkezlerinin dışında, kendilerinden uzakta, şüphe ve yoksunlukla yaşamalarını isterler. Çünkü siz duygu hapsinde olduğunuz zaman onların da yanınızda, sizin belirlediğiniz sınırlı bölgede olmasını istersiniz. Yanılgıya düşersiniz! Sizler böyle davrandıkça kendi endişe ve yoksunluğunuza onları da çekmeye başlarsınız. Ama bilin ki çocuklarımız, tohumlarımız şüphede ve yoksunlukta yani duygu hapsinde var olamazlar. Acı çekerler... Çünkü kendi güçlerini yaşatamazlar.

Çocukların temel ihtiyacı, onlara bıraktığınız şirketleriniz, evleriniz, arabalarınız değildir. İnsanları ayırarak ve ötekileştirerek şüphe ve endişe odaklı alanınızda tutsak etmek de değildir! Onlara gereken, hayallerini gerçekleştirebilecekleri, kendi merkezlerinde, kendilerine olan inançlarını yaşatabilecekleri, umut edebilecekleri temiz bir alan oluşturmaktır. Onlar için çok çalışmanızın hiçbir önemi, faydası yoktur! Onlara gereken, kendi özlerini yaşatacak, kendi hislerini dönüştürecek alan, inanç alanıdır. Sadece bu alanları sağlayın yeterli. O zaman çok daha sağlıklı olacaklardır! Sonrasında çocuklar kendi merkezlerinde, özlerini yaşatarak istedikleri her şeyi kendilerine çekerek kendi yaşamlarını hayallerine göre kuracaklardır.

Kadının çocuklar üzerindeki, insanlık üzerindeki etkisi çok önemlidir. Onlar bu dünyada dönüşümü simgeler. Ve çocuklara vermeleri gereken tek şey umuttur! Ne yaşamış olurlarsa olsunlar, neye inanıyor olurlarsa olsunlar kadınların çocuklarımızın etrafını endişe ve yoksunluklarla sarıp onların yaşamlarını çalması, bildiğini sandığı yanılgıları onlara uygulamaya çalışması, özlere, çocuklara yapılan en büyük haksızlıktır! Geleceğimize yapılmış en büyük haksızlıktır!

Bir çocuk en çok annesiyle vakit geçirir. Kadınlar görünmeyen en güçlü enerjiyi dönüştüren kimliktedirler. Bu yüzden çocuklar daha çok onlarda dönüşür ve değişir! Fakat çoğu kadının yüksek potansiyeli, sıkışmış, bastırılmıştır. Bazen de kendilerini birinin esiri gibi kapatmaya çalışmışlardır. Toplumda kendinin sadece bir erkekle var olabileceğine ya da kenara çekilip beklemesi gerektiği yanılgısına düşmüş pek çok kadın vardır. Onlar güçlerinin farkına varamayacak kadar yoksunluk bölgesinde kalmışlardır. **Bu yüzden dünyanın eski bilinçsizliği yani kapitalizimde Kadın-Erkek Dengesi kaybolmuştur. Çünkü Korku ve Sevgi dengesi bozulmuştur. Bu da şüphe ve yoksunluk bilincini öne çıkarmıştır. Haksızlıklarla kaplanmış deneyimlerin yaşanmasına neden olmuştur! Bunun bedelini hem kadınlar hem de erkekler fazlasıyla ödemiştir.**

Şimdi ise uyanan özbilinçlerinizle kendinizi yaşatmanın ve etrafınızda kim varsa onlara ilham olmanın vaktidir. Siz dönüştüğünüzde etrafınızdaki herkes otomatik olarak değişecektir! **Kadınlar; etrafınızdaki insanları değiştirmek için asla çaba göstermeyin, bu tuzaktır! Sadece SİZ kendiniz dönüşün, o zaman etrafınız zaten değişecektir. Sistem bu şekilde çalışmaktadır. Etrafa yeni çiçek tohumlarını atın ve dönüşün yani bırakın! Arkanıza bile bakmayın çünkü bilin ki, tohumlar atıldıysa zaten çiçeğe dönüşerek değişecektir!**

Hapiste yaşamak sadece parmaklıklar ardında olmak değildir. Umutsuz bir yaşam, yoksunluk, yokluk dolu bir yaşam da hapistir. Ve çocuklar yoksunlukta kaybolurlar!

Yıldızlar umuttur... Ve biz insanlar gökyüzünde yıldız bırakmadık! Her endişe duyduğumuzda, geçmişten ve gelecekten şüphe ve yoksunluk hissi duyduğumuzda gökyüzünden bir yıldızı kaybettik. Ve gökyüzünde yıldız bırakmadık yani çocuklarımıza umut bırakmadık! Her nefes aldıklarında içlerine sadece kirli havayı solumadılar, endişe ve yokluğu da soludular. Çocuklarımızın oyun oynaması için alan bile bırakmadık. Onlara kendileri olmaları için izin vermedik. Sonra da neden bu dünya böyle dedik!

Umut dolu yaşam tohumlarınız, çocuklarımızın oyun alanıdır. İşte bu yüzden umut ederiz.

İnsanlık için gökyüzüne yeniden milyonlarca umut tohumları atıldı. Umut eden umudu yaşatacaktır. İşte bu yüzden her sabah, her gece geleceğin hakikat dolu olduğunu hissederek bil! Çocuklarımızın hak alanında özlerini, özgün hislerini yaşamalarına, yaşatmalarına izin verelim.

Son Söz!

İstemediğiniz deneyimler, sizin henüz yönetmeyi beceremediğiniz olaylardır. O deneyimlerdeki bilgi henüz idrak edilmediği, özünüz beslenmediği için yani yönetim elinizde olmadığı için can sıkıcı, üzücü bir şekilde aynı deneyimleri farklı açılarda tekrar tekrar yaşar, yaşatırsınız. Kötülük dediğiniz şey kişinin henüz idrak edemediği bilgilerin birikmesinden kaynaklanır! İnsan kendi kendine kötülüğü yaşatır! Bu yüzden kişi her zaman savaşı kendine açar! Bu savaşı kendi bütünlüğünü ayırdığı için başlatmıştır! Her şeyde olduğu gibi savaşlar da önce içimizde başlar. Sonra dış dünyamıza yansır. İnsanları ayırdığımız, yargıladığımız için toplumsal savaşlar ya da kişisel savaşlar çıkar! Çünkü içinizdeki savaşı bir türlü sonlandıramıyorsunuzdur. Sürekli olarak yargılamaya, ayırmaya, ötekileştirmeye devam ediyorsunuzdur. Ve yaşamınıza ATEŞ ediyorsunuzdur. Ateşi sen başlattın İNSAN ve SAVAŞı sen başlattın! Ateş kesilmeden asla ve asla savaşlar bitmeyecektir. Yargılar bitmedikçe, ayırmak ve ötekileştirmek bitmedikçe savaşlar her yerde devam edecek! Savaştan bıkmadık mı? Ölümden, yargıdan, insanın yüceliğinden mahrum kalmasından bıkmadık mı? Sağa sola atılmaktan, insan yerine bile konulmamaktan bıkmadık mı? Sürekli şikâyet etmekten, hep başkalarına suç atmaktan bıkmadık mı? Kısacası hiç durmadan kendinize ateş etmekten bıkmadınız mı? Biliyorum, hissediyorum ölesiye BIKTINIZ ve ölesiye yıkıldınız. Bu kitap bu yüzden yazıldı. Ve yazmaya anlatmaya devam edilecek.

İnsanları ayırmak, yargılamak ve kendini bir insandan üstün görmek; kendine ateş etmektir. İlk ateşi kim başlattı? İlk ateşi sen kendi kendine atarak başlattın. Uyan insan!

Ne de güzel akıyor, ne de güzel geçiyor karanlık aydınlığa... Adeta öpüşüyorlar gece ve gündüz tam ortada ve inançla! Henüz hava aydınlığa dönüşmeden, kuşlar ötmeye başlar. Sesleri öyle bir yükselmeye başlar ki neler oluyor orada diye dışarıya bakınırsınız. Onlar yeni bir dönüşümün ve değişimin aşk haberini almış ve müjdesini vermek için şarkılar söylemeye, ötmeye, kendilerini yaşatmaya çoktan başlamışlardır! İçlerindeki bu dönüşüm ve değişim heyecanıyla uyanırlar. Hissederek titremeye başlarlar...

Saat 05.00 suları, dakikalarca gökyüzünü izledim. Önce lacivert sonra açılmaya başlayan bir lacivertle göz göze geliriz. O anlarda, gökyüzüyle hep göz göze geliriz. Tüm martılar sanki aşkımızı anlamış gibi üzerimden geçerken "Ben de burdayım" dercesine bağırmaya başlar... Ve yıldızlar son kez elini kaldırıp sallar bana adeta "Akşama görüşürüz özüm derler!" Öperim doyasıya onları, sanki bir daha hiç görmeyecekmişim gibi ya da sanki hiç yoklar gibi! Birden gökyüzünden bir ses... "Zuuuuuu" uçak motorunun sesi, nerden geldi şimdi bu der gibi olursunuz bir an, sonra hissedersiniz ki bu kadar mucizelerle, doğa ve insanlarla dolu bu dünyanın yaşamının içinde ne de güzel faydalı bir teknoloji. Nereden geldiler acaba ya da nereye gidiyorlar? Hoş gelmişler, hoş gitmişler... Onu da kucaklarsın, onu da selamlarsın. Zaten her şey Yaradan değil mi? Bir iç çekiş ayırdıklarımıza, böldüklerimize, yargıladıklarımıza... Ve bütün bunları yaparken dünyamızın, insanlığımızın, hayvanlarımızın, bitkilerimizin, suyumuzun, havamızın ve toprağımızın dengesini nasıl da bozduğumuzu hissedersin! Ahh ahh bir iç çekiş ve bir son... Bu son iç çekişlerimiz şükürler olsun, çünkü artık ayırdıklarımızı bir yapma zamanı, hak zamanı, güç zamanı, denge zamanı yani İNANÇ zamanı!

Yaradan'ın sana baktığı gibi senin de kendine AŞK ile bakma zamanın geldi! Kendine AŞK dolu bakma zamanın geldi! Aşkta asla ayrım yoktur. O ne korkudur ne de sevgi, o ne gecedir ne de gündüz, o ne kadındır ne de erkek, o ne sıcaktır ne de soğuk,

o ne eksidir ne de artıdır! O her şeydir. Her şey olmak TAM olmaktır. Ne kadarsan o kadar tam bakabilmektir! Özbilincin ne kadarsa o kadar haddimizi bilerek yaşatmaktır. Ve o kadar insana hizmet edip, kendine o bilinç kadar bakabilmektir. Sen kendine kendin kadar bakabildiğinde, içindeki tüm savaşlar sonlanacaktır. Dolayısıyla dış yaşamındaki istemediğin tüm deneyimlerin sonlanacaktır!

Artık BİRlik olma zamanı geldi ve artık birlikteyiz, artık bir aradayız özler. Bir arada TAM ve BÜTÜNÜZ. Ayrılmak yok, ayrıymışız gibi olmak yok, yargılamak yok, ötekileştirmek yok. Her şey geçti, Yeni Bilinç Başladı. İnançta olan, BİRlikte olan bu dünyada istediği kaynağına ulaşacak!

İnsan; en çok neye mi ihtiyacın var? Tam olarak haddini bilmeye! Haddin ne mi? Sahip olduğun tek kaynağın yani özbilincin. Bu dünyada Haddin olan tek hakkın var! Bu hak özbilincini kullanarak doldurmaktır!

Yaradan biz insanı cezalandırmak için yaratmadı! Biz insanoğluna verdiği sözünü yerine getirmek için, insanı yüceleştirmek için yarattı! İnsanlığınızın ötesindeki yüceliğinize ulaşmak istiyorsanız, sınırsız aşklara kavuşmak istiyorsanız yani cennet bahçesine ulaşmak istiyorsanız HAKiki ilmine, özüne UYANMALISIN...

İçimdeki Sonsuz AŞK ile arzuluyorum ki, tüm insanlar kendi özlerini keşfederek, inançlı bir şekilde yenilenerek farklarını, özgürlüklerini yaşatacaklar. Yani özel olduklarını doya doya hissederek, Birlik olma hizasına geçecekler! Şükürler olsun...